Max Scheler: Versuche einer Philosophie des Lebens

REIHE LEBENSPHILOSOPHIE (GRUNDLAGENTEXTE)

MAX SCHELER

VERSUCHE EINER PHILOSOPHIE DES LEBENS

Mit einem Nachwort von Robert Josef Kozljanič
und zwei Anhängen zu Schelers Sympathie-Lehre

ALBVNEA VERLAG MVENCHEN

FSC
www.fsc.org
MIX
Papier aus verantwortungsvollen Quellen
Paper from responsible sources
FSC® C105338

Seldeneckstr. 18
D-81243 München
www.albunea.de
info@albunea.de

Herstellung: Books on Demand GmbH, Norderstedt

ISBN 978-3-937656-28-1 (Buch)
ISBN 978-3-937656-29-8 (E-Book)

Inhalt

Versuche einer Philosophie des Lebens

Nachwort

Anhang

1.

Seit etwa einem Jahrzehnt finden wir bei einer Gruppe bedeutender philosophischer Charaktere, um die sich wiederum weithinflutende Strömungen und Schulen scharen, einen Anspruch erhoben und eine Art Prophezeiung ausgegeben, es solle kommen und werde kommen eine »Philosophie des Lebens«. Ich meine mit den Versuchen unter diesem Namen natürlich nicht jene zu allen Zeiten reich fließende Literatur einer Popularphilosophie, welche die Philosophie unter anderem auch auf das »Leben« oder das »praktische Leben« »anwenden« will und die halb Klugheitslehre, halb Erbauung für »Herz und Gemüt«, sich bald als Ratgeber auf die Fragen »Wie werde ich energisch«, »wie werde ich reich«, »wie habe ich Glück bei Frauen«, »wie erhalte ich mich gesund«, bald als Surrogat für Religion aufgeklärten Geistern anzubiedern sucht. Diese Dinge hat es ja immer gegeben und sie sind nichts weniger als neu. Schon daß sie die Philosophie von einer »Anwendung« auf das Leben unterscheiden, sie doch aber erst aus dieser »Anwendung« gewinnen wollen, zeigt — auch wenn man hier bei Leben nicht zuförderst an »Geschäfte« dächte und was solche möglich macht — , daß man es hier nicht mit einer Philosophie des Lebens zu tun hat. Und ebensowenig denke ich an die gleichfalls stets vorhandenen Versuche, — unter den vielen anderen philosophischen Problemen — auch das Problem des organischen Lebens theoretisch zu behandeln, so sehr auch ein Teil jener Versuche einer »Philosophie des Lebens« mit all dem, was die moderne Biologie uns an Fernblicken erschloß, zusammenhängen mag. Was man vielmehr mit jenem allgemeinen Schlagworte meint — und es ist gerade seine Unbestimmtheit, die ihm die Macht über die jungen Geister verleiht und die ihm gleichzeitig den Charakter einer Forderung der Zeit als einer Einheit der Denkweise und des Sehnens einer neuen Generation innerhalb der höchsten europäischen Bildungsschicht gibt, — das ist ein anderes: eine »Philosophie des Lebens«, in deren Benennung »des Lebens« ein Genitivus subjectivus ist, d. h. eine Philosophie aus der Fülle des Lebens heraus, ja — schärfer gesagt — eine Philosophie aus der Fülle des Erlebens des Lebens heraus. Nicht das, meint man, was da auf irgendeine Weise schon vor uns steht, ein Sein irgendwelcher Art, Zahlen oder Sterne oder auch noch die organischen Lebensprozesse und die bereits gelebten sog. »psychischen Erlebnisse«, die wir in uns und anderen »vorfinden«, sollen der neuen Philosophie den Gehalt geben, und ebensowenig eine vorhandene »Kultur« oder »Wissenschaft«, deren Voraussetzungen zu suchen, deren »Bedingungen« in den Wurzeln des Geistes aufzusuchen wären; denn dies alles ist — mag es in einem ganz anderen Sinne des Wortes auch als »lebendig« z. B. vom anorganisch Toten abgeschieden werden — im Grunde tot. Es ist im höchsten Falle nur gelebtes Leben, vollendet, fest geworden und darum der Beobachtung und dem Begriffe zugänglich. Aber es ist nicht jenes ganz verschiedene »Leben«, das sich im Erleben selbst als eines tiefsten und schöpferischen Aktus, der immer schon einen neuen und anderen Inhalt ergriff, wenn wir auf jene toten »Erlebnisse« des gelebten Lebens hinblicken, unmittelbar erschließt, in ihm und in ihm allein aufblitzt und der mitschwebenden Reflexion zugänglich ist.[1] Aber eben dies — so meinen es jene neuen Versuche —, was sich in diesem Erleben unmittelbar vor uns auftut an Gehalten, all das, was im Denken und Anschaun der Welt, was im Wollen, Wirken und Leiden an den Widerständen,

---

[1] Über den Unterschied von innerer Wahrnehmung und Reflexion vgl.

in denen sie sich dem Wollenden, Wirkenden und Leidenden allein verrät, was in den Bewegungen der Liebe und des Hasses von Welt, Mensch, Gott, Weib, Kunst usw. uns an Gehalten, an Werten, an Sinneinheiten entgegenblitzt, was im Beten, im Ahnen und Glauben sich uns an neuen religiösen Welten und Werten erschließt — und was alles nicht da ist, nicht da sein kann, wenn wir nur gelebtem Leben zusehen — was also in diesem unmittelbarsten und dichtesten erlebenden Verkehr mit All und Gott sich vor uns hinzustellen Miene macht — und was schon verschwunden und gestorben, ja vernichtet und aufgehoben ist, wenn es gelebtes Leben wurde — das Ganze möglicher Welt, sofern es so und nur so gegeben ist, dies sei der »Gehalt« der neuen Philosophie.

---

den Aufsatz über »Die Idole der Selbsterkenntnis« [...].

2.

Friedrich Nietzsche besaß die »Philosophie des Lebens« noch nicht. Und doch schwebt er über den modernen Versuchen wie ein verborgener Schutzgeist. Er vor allem brachte durch seine dichterische und sprachschöpferische Gewalt in das Wort »Leben« den tiefen Goldklang, den es seitdem besitzt. Was vorher »Leben« hieß, waren vorzüglich die Geschäfte (wenn man z. B. »Leben« der »Wissenschaft« oder »Kunst« entgegensetzte) oder es war die Begleitvorstellung von Hunden, Katzen, Pflanzen usw. damit verknüpft (etwas Abstraktes an organischen Körpern). Für Nietzsche hieß »Leben« eine ins Unermeßliche hinströmende und in Strömen sich fortwährend werterhöhende Aktion, in deren Aufgang alles feste Sein erst gebildet wird und in deren Niedergang »es zum Gesetze erst erstarrt«. »Erst wo Leben erstarrt, türmt sich das Gesetz«. So volltönig wurde ihm das Wort, so umfassend — von Schritt zu Schritt — was es vermeinte, daß es die beiden Reiche, zwischen die man es sonst zu stellen pflegte — Gott und tote Welt — schließlich zu umfassen und als bloße Gestaltungen seines auf- und niedergehenden Strömens aus sich zu entlassen schien.

Nietzsche war es auch, der begann, von »dem Leben« schlechthin zu reden. Er apostrophiert es wie z. B.: »In Dein Auge schaute ich jüngst, o Leben usw.«; das »Leben«: das ist hier nicht mehr ein Vorgang in den räumlich abgeschlossenen Formen-Organismen; nicht mehr — wie früher für ihn selbst noch — eine »kleine Bewegung« auf einem der kleineren Planeten. Es sitzt in der Tiefe: Und Welten, Gesetzessysteme,

Wertsysteme rauschen aus seiner Rätseltiefe auf — rauschen auf und geben nur dem toten Blicke das Bild eines absolut fest und ewig Gefügten. Faktisch aber werden auch sie wieder vom Leben hineingetrunken. Henri Bergsons »Elan vital« — hier ist eine seiner Wurzeln.

Es geht auf seine tiefsten Erlebnisse und seine »stillsten Stunden« zurück, daß er das »Leben«, das so größer, gewaltiger, umfassender immer vor seinem verzehrenden Suchen aufwuchs, auch seinem biologischen Sinn nach neu konzipierte. Er, der von Biologie so gut wie nichts verstand, — er war doch derjenige, der die Falschheit der Ur- und Grundkonzeption eines großen Teiles der modernen biologischen Wissenschaft klar erkannte: klar und — ohnmächtig zugleich, hier Rechtes an die Stelle des Falschen zu setzen; denn dazu gebrach ihm das Wissen und die Begabung zur Wissenschaft. Er sah, daß Darwin und Spencer die »Aktivität« dem Begriff des Lebens »entwendet« hätten.[1] Spencer definiert Leben als »Anpassung innerer Beziehungen an äußere«, und so findet Nietzsche, daß in dieser Definition bloße »Reaktivität« an Stelle ursprünglicher Aktivität gesetzt wird. Aber Leben ist nicht etwas, das sich »anpaßt« oder auch »angepaßt« wird. Leben, das ist vielmehr eine Tendenz zur Gestaltung, zur Formung, ja zur herrschaftlichen Überwältigung und Einverleibung eines Materials. Die einzelnen Organismen und Arten haben »Umwelten«.[2] Aber deren kategoriale Strukturen sind in den Aktionsrichtungen des zu ihnen gehörigen Lebens vorgebildet. Nur was diesen Strukturen entspricht, kann aus der Weltgegebenheit in die Umweltsphäre hineingelangen. »Leben« — das wird für Nietzsche im Kleinsten und Größten so etwas wie ein waghalsiges Unternehmen, ein metaphysisches »Abenteuer«, ein kühner Vorstoß in Möglichkeiten des Seins,

---

[1] Siehe »Genealogie der Moral«.

[2] Eine genauere Bestimmung dieses Begriffes findet sich in meinem Buche »Der Formalismus in der Ethik und die materiale Wertethik«, I. Teil, Halle, Niemeyer 1913-1914.

die sich erst im Gelingen zu einem Sein gestalten — zu dem, was dann alle mögliche »Wissenschaft« betrachtet. Leben — das ist der Ort vor dem Dasein, — an dem sich Dasein und Nichtdasein allererst entscheidet. Das Bild der Flamme, deren Züngeln erst die Gestalt entscheidet, die sie dem Betrachter bietet, liebt er mit dem antiken Freunde, mit Heraklit auf das Unsagbare anzuwenden. Und wie ihm, ist auch Nietzsches letztes Wort »Werden«, und zwar werdendes Leben oder besser Leben, das ganz »Werden« ist. Und ebensowenig ist Leben primär »Daseinserhaltung« — sei es Individual-, sei es Arterhaltung. Auch diese Definition sei Fälschung des Lebensbegriffes. Leben — das ist vielmehr eine Tendenz zur Steigerung ihrer selbst, etwas, dessen »Werden« auch schon von Hause aus »Wachsen« ist und in diesem Wachsen erst Einverleibung eines Materials. Ein Lebendiges wächst nicht, weil es sich ernährt; es ernährt sich, weil es wächst. So ist »Machtsteigerung« sein geheimster Sinn und metaphysischer Atem — und lieber nicht sein und zugrunde gehen als jener Tendenz Einhalt tun und sich mit bloßem »Dasein« und mit »Anpassung« zu begnügen — seine Losung oder die Regel seines Verfahrens. Ein Lebewesen, das nur mehr in den Lehnsessel-Kategorien des Daseins Platz nähme, sich hier zur Ruhe zu setzen, das wäre kein Lebewesen, — sondern ein Totes. Es kann nur zweierlei: Über sich hinaus zu mächtigerem Leben rennen oder sich positiv vernichtend hinstürzen zum Tode, kann »aufgehen« oder »niedergehen« — nimmer aber eine Tendenz sein zu seiner »Selbsterhaltung«. Nietzsche könnte es geradezu definieren als ein »Werden, das nur aufgehen und niedergehen kann, nur wachsen und abnehmen« — niemals aber sich wie z. B, ein Körper, der dem Satze der Trägheit folgt, sich in gleichförmiger Bewegung »erhalten«. Jene Grundfassungen der wissenschaftlichen Biologie sind nur Analogien aus der Mechanik auf ein wesentlich Amechanisches.[3]

Nietzsche hat diese großartige Konzeption für die Biologie selbst nicht ausgeschöpft; auch hat er sie nicht innerhalb irgendeiner biologischen Untersuchung gewonnen. Sie erwuchs ihm ganz und gar aus seinem Erleben, soweit es um die ihn eigentlich allein bewegenden Fragen des Sinnes und der Herkunft moralischer und religiöser Werturteile kreiste. Das ist das Merkwürdigste: Nicht wie innerhalb der neueren englischen Biologie sollte hier ein naturphilosophischer Begriff des Lebens das Moralische erleuchten, wie z. B. in Spencers Ethik; sondern aus seinem tiefen Gefühl dafür, daß die Ideale und Werte des spezifisch modernen Menschen, des Bürgers, des Kapitalisten, des Forschers, des Künstlers dieser Zeit — daß ihr utilistisch-kalkulatorischer Charakter, daß auch deren Ausprägung in der positivistischen Philosophie, der er sich selbst nach seiner romantischen Wagner-Schopenhauerperiode einen Augenblick zuzuneigen schien — Werte eines Menschentypus seien, in dem »Leben« niedergeht und nicht aufsteigt, — daraus erwuchs ihm erst die Einsicht, daß dieser Menschentypus — auch noch in seiner Ausprägung als wissenschaftlicher Biologe — den wahren Charakter des »Lebens« verkennen und ihn fälschen mußte. Auch die Biologie kann eben nicht besser sein als der biologische Menschentypus, der sie macht. Seine »Moral« — das Wort in dem weiten Sinne einer universellen Wertrangordnung genommen — wird auch seine wissenschaftlichen Ideale, Methoden, Forschungsziele nach sich bestimmen. Nietzsche aber glaubte der modernen »Wissenschaft« auf ihren Grund zu

[3] Der Begriff der »Trägheit« und das Trägheitsgesetz wurden von Galilei in bewußtem Gegensatz zur vitalen Bewegung als Charakteristika der toten Bewegung definiert; denn die Alten (z. B. Platon und Aristoteles) faßten (fälschlich) auch die tote Bewegung nach Analogie mit der Lebensbewegung. Wie komisch ist es, wenn Descartes dies vergißt und auch die vitale Bewegung dem »Trägheitsprinzip« unterordnet!

sehen, wenn er sagte, daß der moderne Forschertypus selbst dem »Pöbeltypus angehöre«. Niedergehendes Leben wird, auch als scheinbar ganz »objektiver Verstand« drapiert, das gesamte organische Leben so deuten, wie es seinen Grundwerten entspricht. Diese sind aber für den geborenen Menschen des Dienstes, der Biegsamkeit, der Angst, die zum »Berechnen«, zur »Vorsicht«, zur »Klugheit«, zur »Sparsamkeit« und »Ökonomie« und den übrigen Tugenden des Pöbels treiben, identisch mit den Werten und Tüchtigkeiten, die man als solche der »Daseinserhaltung« und »Anpassung« zusammenfassen kann. Nietzsche ahnte — mehr oder weniger bewußt — ebendies, was Bergson und Andere nun ein wenig klarer auszusprechen beginnen: daß die moderne mechanistische Biologie ihre tiefste Wurzel in der utilistischen Moral hat; daß die Darwinsche Lehre vom Überleben des »Passenden« oder des »Nützlichen« — die das Organ gleich einem nützlichen Werkzeug beurteilt[4] — , daß auch ihr Malthusscher Ausgangspunkt, es sei die Tafel für das organische Leben zu kurz geraten, und noch vieles andere dieser Art im Grunde nichts ist als eine Projektion gewisser Pöbelwerte und Pöbelsorgen in die organische Natur. Daß alle Wachstums- und Entfaltungs- und Entwicklungsprozesse im organischen Leben, seiner individuellen und generellen »Entwicklung« gar keine positiven Kräfte zu Ursachen besäßen, sondern nur Epiphänomene zu Prozessen der Erhaltung des zufällig Nützlichen plus der rein negativen Tätigkeit der Ausscheidung des Nichtangepaßten durch Selektion seien, ist aber als Theorie erst eine Folge dieses philosophischen Grundaspektes der organischen Natur, von der Darwin ausging und die nicht das Ergebnis seiner an sich ausgezeichneten Beobachtungen und seiner Schlüsse, sondern deren stillschweigendes a priori war. In dem Menschen dieses neuen Typus ist der Arbeitswille das

[4] Vgl. die letzten Abschnitte im Aufsatz: »Das Ressentiment im Aufbau der Moralen«. Vgl. auch »Der Formalismus usw. II. Teil«.

primum movens. Darum denkt er sich auch die Welt so, daß sie möglicher Angriffspunkt seiner Arbeit sein kann; er denkt sie — mit Einschluß des Lebens — mechanisch. Da er auf Grund von Instinkten, die ihn trotz aller roten Wangen zum Tode reißen, auch das Tote und darum Berechenbare als das, was seine Angst verringert, dem Lebendigen und Unberechenbaren, der Tendenz zum »Unwahrscheinlichen«, wie F. Auerbach »Leben« treffend definierte, vorzieht, da er skeptisch, konstitutionell skeptisch geworden ist gegen Kühnheit und Wagemut, gegen Macht und Erobererwille, aber auch gegen Opferbereitschaft und verschwenderische Güte und Liebe sonder »Zweck« — wie sollte der neue Typus das organische Leben anders begreifen als so, wie es Herr Spencer definiert? Als »Anpassung« resp. als einen nur besonders komplizierten Grenzfall berechenbarer, den Prinzipien der Mechanik unterworfener Beziehungen?

Noch eins tat Nietzsche: Er machte seine Idee des »Lebens« unabhängig von der Scheidung Psychisch-Physisch, in die Descartes zuerst das All einzusperren suchte.[5] Er weiß z. B., daß es auch innerhalb des sog. »Psychischen« den Unterschied des »Lebendigen« und »Toten« gibt:

»Ach, was seid ihr doch, ihr meine geschriebenen und gemalten Gedanken! ... Welche Sachen schreiben und malen wir denn ab, wir Mandarinen mit chinesischem Pinsel, wir Verewiger der Dinge, welche sich schreiben lassen, was vermögen wir denn allein abzumalen? Ach, immer nur das, was eben welk werden will und anfängt sich zu verriechen! Ach, immer nur abziehende und erschöpfte Gewitter und gelbe späte Gefühle! Ach, immer nur Vögel, die sich müde flogen und verflogen und sich nun mit der Hand haschen lassen! — mit unserer Hand! Wir verewigen, was nicht mehr lange leben und fliegen kann, müde und mürbe Dinge allein! Und nur euer Nachmittag ist es, ihr meine geschriebenen und gemalten Gedanken, für den allein ich

---

[5] Vgl. den Aufsatz über »Idole der inneren Selbsterkenntnis«.

Farben habe, viel Farben vielleicht, viel bunte Zärtlichkeiten und fünfzig Gelb's und Braun's und Grün's und Rot's: aber niemand errät mir daraus, wie ihr in eurem Morgen aussahet, ihr plötzlichen Funken und Wunder meiner Einsamkeit, ihr meine alten geliebten — schlimmen Gedanken!« (Jenseits von Gut und Böse 296).

3.

In seinen tiefsten Tendenzen fast unerkannt zwischen den Kollegen, unter denen Wilhelm Dilthey zufällig lebte, aber mit Recht als ein »feinfühliger Geist« auch von ihnen hochgeschätzt, brannte in diesem deutschen Professor ein ungeheurer Durst, sich der Historie nicht kalt deskriptiv, auch nicht erklärend, aber nachlebend und »verstehend« zu bemächtigen; sein Herz — das er mit dem Kerne der Welt einig wußte — selbst in all die Buntheiten hinein zu tauchen, die Menschen geglaubt, ersehnt, gewollt, geliebt — und dieses Herz dabei nicht zu verlieren, sondern auszufüllen. Er war ein fleißiger Gelehrter und doch voll großer Intuitionen, die über Epochen das Licht und die Glut eines gegenwartsfremden — d. h. echten — Verständnisses gössen. Aber er war in seiner Existenz kaum weniger problematisch in seiner Art als Nietzsche — und auch darin ein Freund seiner geliebten Romantik, daß er vieles aufgriff und nur weniges vollendete. Er hatte die rührende Kindlichkeit eines Menschen, der, fortwährend bedrängt von reichsten Gesichten historischen Lebens, sie nicht auszusprechen vermag — dessen Rede man aber selbst dies noch anhört und dessen Stil und Schreibart daher sogleich den Eindruck gibt : »Du schaust unendlich viel mehr als du zu sagen weißt«. Sein Geist überflutete fast sichtbar den kleinen, zarten Körper, kam aber selten und nur aus seltenen Glücksfällen der Situation heraus zur festeren Gestaltung. Sein Sehnen nach Absolutheiten und einer ewigen festlichen Gegenwart war selten gleichstark mit dem anderen, in diese Gegenwart selbst alle bisherigen Arten des Erlebens von Menschen — die Inhalte selbst in ihrer zufälligen Mannigfaltigkeit überließ er den Historikern vom Fach — miteinzuschließen. Langsam begann in seinem Leben das erste Sehnen zu überwiegen. Und doch sah er nur wie von ferne einen neuen Sinn und eine neue Verantwortlichkeit für das, was im Erleben »selbstgegeben« ist und doch als Ewiges und Absolutes d. h. als »Wesen«, und was auch für mögliches Nacherleben noch »Maß« ist, aufsteigen. Er sah es und fühlte es — als seine geheimste Sache. Zu folgen vermochte er nicht — der schon zu alte, zu vielwissende, der durch sein vieles und tiefes Nacherleben zu skeptisch gewordene Mann. Aber er förderte es, wo er es nur vermochte und starb auch nach äußeren Umständen so heimlich und verborgen — und so einsam — wie er in der Tiefe stets gelebt hatte, — mit einem Blick, der über das viele schöne Große hinwegeilte, das er noch zu sagen hatte.

Der Beitrag, den Dilthey und seine jungen Freunde zu einer künftigen »Philosophie des Lebens« gaben, geht — hier ist nur vom Kerne des Kernes die Rede — auf eine Begründung der Geisteswissenschaften und des Verstehens der »geschichtlichen Welt« aus der Totalität des Lebens. Das klingt sehr allgemein, ist aber doch sehr konkret und eben nur — diltheyisch gemeint. Geschichte — das war ihm ein Strömen, aus dem sich langsam eine »geistige Welt« erhebt, sich festigt und erbaut, eine »Weit«, deren Gehalte und Strukturen wir aus den Urkunden, Denkmalen, Kunstwerken herausfinden und -erblicken müssen; eine »Welt« zugleich, die ewig ein Transzendentes, die Gottheit selbst anstrebt — ohne sie zu erreichen, doch an gewissen Höchstpunkten in sie wie zu verfließen scheint. Die beiden Endpunkte, das psychische Strömen selbst, aus dem sich diese Welt langsam aufbaut, und ihr transzendentes Ziel gewannen sein Interesse nur sehr wenig. Er war kein Historiker; er war kein Metaphysiker. Was sein Gemüt bewegend seinen Geist beflügelte, das war irgend etwas, das zwischen Gott und der Geschichte des bloßen Geschehens selbst liegt. Er nannte es

»geistige Welt«.[1]

Was er zuerst zeigte, war, daß man Natur mit Haut und Haaren erkennen könne, ohne von dieser »Welt« auch nur die geringste Ahnung zu haben; daß schon der Eingang in dieser »Welt« ein »Verstehen« sei und »Nachleben«, auf welche Erkenntnisformen »Natur« ewig stumm bleiben muß. Natur mag man beschreiben und erklären. Aber sie ist das »Unverständliche«. Und was ist dieses Verstehen? Es ist ein Mitherausleben ihres Lebens, — ihrer Taten, ihrer die »Geschichte« machenden Akte aus den Menschen selbst, aus ihrer Lebenstotalität selbst, — nicht also ist es totes Hinstieren auf das schon gelebte Leben dieser Menschen, etwa gar logischer Rückschluß aus den Ereignissen, Zuständen, Werken auf sie und das, was sie taten und wollten. Dilthey interessierte sich weniger für das, was man sonst »Geschichte« nennt als für die Art, wie diese Geschichte eigentlich gemacht wurde. Er hatte zu viel Sinn für »Tat«, als daß er an das stille »Wachsen« der Geschichte mit seinen romantischen Freunden glauben mochte. Voll Sinn für die edelsten Züge des alten Preußens kannte er den Atem des echten Staates als einen Willen zur Macht, die ihm was anderes war als Wohlfahrt und Nutzen, aber auch etwas anderes als gemeine Gewalt und die er selbst wieder nur — im Unterschied zu Treitschke z. B. — als eine Vorbedingung dafür wertschätzte, daß durch Niederhaltung alles niederen Trieblebens und der Masse die Bildung seiner »geistigen Welt« eine freie Bahn erhalte. Wenige wußten wie Dilthey den ritterlichen Degen so genau vom gemeinen Säbel und dem pathetischen Schwert zu unterscheiden. Aber die »Tat« und ihr Subjekt, der »große Mann«, konnte ihn nicht, wie Treitschke oder Carlyle hypnoti-

---

[1] Siehe den demnächst erscheinenden 4. Band der Werke Diltheys, die uns z. Z. zu unserer Freude neu erschlossen werden, »Die geistige Welt«. Bisher erschien: W. Diltheys Schriften II; »Weltanschauung und Analyse des Menschen seit der Renaissance und Reformation«, Teubner, 1914.

sieren. Auch Taten fließen ihm aus dem Erleben der historischen Menschen, das — wie von rückwärts — ihr Wollen und seine Ziele noch regiert; ja mehr als dies, ihr mögliches Wollen, aus dem erst Situationen, in die der Zufall seine Faktoren hineinwebt, einen bestimmten Inhalt des Wollens machen. Und nun sah Dilthey weiter: Wir können so von der Gegenwart her das Erleben der historischen Menschen nicht ohne weiteres »verstehen«. Zunächst sind wir ja ganz eingesponnen in die zeitgeschichtliche »Struktur« unserer eigenen Erlebensarten, — nicht etwa nur in deren besonderen Gehalt — und müssen auch alles vergangene Erleben der historischen Menschen dieser Struktur gemäß auffassen und »gestalten«, d. h. umdeuten und verkennen. Diese Strukturen sind als »Scheuklappen« — für uns vielleicht notwendig wie für den Gaul, daß er vor der Mannigfaltigkeit bunter Dinge nicht scheue und seinen »Weg« finde. Selbst zwischen uns und uns steht bereits diese »Struktur«. Wie töricht also, Verständnis der Geschichte gründen wollen auf Psychologie des Gegenwartsmenschen! Ist diese Psychologie vor allem »naturwissenschaftlich« und atomistisch — was heißt dies anders, als dieser Mensch der Gegenwart sähe sich selbst eben durch die Erlebensstruktur eben seiner vergänglichen Zeit! Es war sehr wichtig, daß Dilthey eben dies sah und diese »naturwissenschaftliche« Psychologie als Grundlage der Geisteswissenschaften zurückwies. So kam er dazu, eine synthetische und erklärende Psychologie von einer analytisch — zergliedernden zu unterscheiden. Jene versucht das psychische gelebte Leben aus einer möglichst kleinen Anzahl von elementaren Einheiten (Empfindungen, Triebimpulsen, Gefühlen) in analoger Weise, wie die Naturwissenschaft sich ihre Tatsachen aus Atomen, Elektronen usw. »erklärt«, synthetisch zu konstruieren, wobei sie keinerlei Rücksicht darauf nimmt, ob diese Elemente und die Art ihrer Zusammenfügung im Erleben selbst gegeben sind und ob die Einheit einer sie erlebenden Persönlichkeit in ihrem Tun und Leiden, in ihrem Schaffen und

Genießen sie durchströmt und sie in Einheiten eines Sinnes gliedert. Diese aber sucht Einheiten nur soweit, als sie Erlebniseinheiten sind, Einheiten eines »Erlebens von Etwas« und verknüpft sie nach dem Sinngehalt, der sie zu einer sinnvollen Totalität zusammenschließt. Nicht objektive reale Kausalität, sondern der erlebte Motivationszusammenhang ist es, was sie aufzudecken sucht.

In meisterhafter Weise zeigte Dilthey in seinen Arbeiten zur Geschichte der Psychologie,[2] wie diese moderne Auffassung der seelischen Wirklichkeit selbst historisch geworden war und nur einen Bestandteil der Struktur des modernen Welterlebens überhaupt darstellt. Mochte er auch noch nicht in die letzten Wurzeln der Motive ihres Ursprungs eindringen: er sah doch schon die wesentlichsten Motive. Die moderne Weltauffassung, wie sie sich seit Galilei entfaltete, vertrieb die »Qualitäten« und »Formen« und alle lebendigen Sinnzusammenhänge zuerst aus der Sphäre der Natur. An Stelle der Qualitätsunterschiede der Materien der »irdischen« und »himmlischen« Körper trat die Annahme der chemischen Homogenität des Alls;[3] an Stelle der Annahme letzter elementarer Bewegungsformen (geradlinige und kreisförmige Bewegung, Bewegung »nach unten« und »oben«, Lebensbewegung, tote Bewegung) eine Reduzierung aller (auch der vitalen) Bewegung auf das geometrische Phänomen der bloßen Ortsvariation eines Etwas in der Zeit, und Annahme einer Reihe einheitlicher Gesetze der Bewegung, in denen sich aller Unterschied der irdischen Bewegung und der Bewegung der Sterne auslöschte (Galilei, Kepler, Huygens, Newton), alle »Formen« der Bewegung aber sich als Folgen der Bewegungsgesetze darstellten; an Stelle der »Formen« — eine

---

[2] Siehe besonders »Die Funktion der Anthropologie im 16. und 17. Jahrhundert«, II. Bd. der Gesamtwerke.

[3] Dies schon bei Giordano Bruno, also lange vor dem strengen Beweis des Satzes durch die Auffindung der spektralanalytischen Methode, durch Bunsen und Kirchhoff.

Idee, der die scholastische Weltauffassung auch die Seele (= forma corporeitatis) und die gesellschaftliche Wirklichkeit (in der organischen ständischen Staatsauffassung) unterordnete — traten gesetzliche Beziehungen zwischen möglichst qualitätslos gedachten, punktuellen Realitäten (Atome, Empfindungen), während aller Anschein von Formeinheit in der Natur, auch der Formeinheit des »Organismus« als ein Werk, eine Leistung des Denkens angesehen wurde, welches die sinnlichen Bestände kraft seiner Tätigkeit zu Einheiten zusammenfaßt. (Nominalismus der Begriffe.) Also wich »Vernunft«, »Form«, ja »lebendige Einheit« zunächst aus dem All der Natur (»mechanische« Naturansicht). Bürdete man ihren unbestreitbaren Anschein zuerst der tätigen Kraft der »denkenden Seele« auf, die nun an Stelle der göttlichen formschöpferischen Kraft zu treten schien (Descartes), so drang jene Struktur der Auffassung der Welt, die zur Mechanisierung der Natur und des Organismus geführt hatte, alsbald auch an eben diese »Seele« und an die gesellschaftlich-geschichtliche Realität heran und bog auch sie in die Charakterart der klammernden Organe und Werkzeuge der neuen geistigen Einstellung des Zeitalters um. Dilthey zeigte, wie der Ursprung jener Zerstückelung der lebendigen Seele, schließlich auch des Denkens in eine geringe Zahl von Empfindungs- und Vorstellungsdingelchen, die sich nach einfachen Gesetzen der sog. »Assoziation« ohne Leitung durch eine zentrale tätige Kraft des »Ich« zu »Komplexen« verbinden sollten (in der sog. »Assoziationspsychologie«), überall als analogienhafte Nachbildung der Grundannahmen der Newtonschen Himmelsmechanik und der Molekularphysik entstand und wie sie die Grundbegriffe der neuen Mechanik (die Ideen der »Erhaltung«, der »Trägheit« usw.) auf die seelische Welt übertrug. Daraus z. B. entsprangen die Bilder, die Spinoza und Hobbes vom Menschen und seiner Seele lieferten, auch ihre Versuche, aus bloßem Selbsterhaltungstrieb und Egoismus die sittlichen Motive und Ideen abzuleiten; so auch die neuen Bilder vom

Staate als einer auf »Vertrag« beruhenden Machtorganisation zur Bändigung der Egoismen, die Macchiavell und Hobbes entwickelten; so auch die zielgebende politische Lehre jener Zeit (die das mechanische Bild schon an ihrem Namen erkennen läßt), die Idee des europäischen »Gleichgewichtes«, das sich ohne eine kosmopolitische spirituelle und politische Autorität, wie sie Papsttum und Kaisertum gebildet hatten, automatisch herstellen sollte; so auch die deistische Religionslehre, die Gott zu einem allgewaltigen Ingenieur und Mechaniker machte und Gottes »Weltregierung« leugnete; so auch die klassische Nationalökonomie mit ihrer Lehre von der »Harmonie der Interessen«, die den Staat nur als notwendiges Übel begriff und vom »laisser faire« die größte Wohlfahrt erhoffte. Als ein zweites Motiv der Ausbildung jener neuen mechanischen Idee von der Seele begann schon Dilthey jenes zu erkennen, das neuerdings Henri Bergson mit Recht in den Vordergrund gestellt hat: ein solches Bild der Seele zu gewinnen, das diese Seele durch die Mittel der Disziplin, der Erziehung, der staatlichen Tätigkeit und der Politik in analoger Weise beherrschbar mache, wie die mechanische Naturansicht die Natur. Schon in den venezianischen Gesandtschaftsberichten bricht jene neue Objektivierung des Menschen und jene Zerlegung seiner Seele in ein »Bündel« von Vorstellungen und Trieben durch, welche die Punkte aufdeckt, an denen er zu gewünschten Handlungen bestimmbar wird. Und es ist naturgemäß nicht das intime, unsagbare individuelle Ich, sondern der Mensch en masse, der hier zuerst vor das Auge des Geistes tritt.[4] Diese beherrschbare Oberflächenschicht der Seele aber, auf der allein die sog. Assoziationsgesetze regieren, für den Wesensgehalt der seelischen Erlebnisse zu nehmen und das Bild einer Assoziationsmaschine mit dem seelischen Sein gleichzusetzen, das blieb erst der englischen Assoziationspsychologie der Hartley,

[4] Vgl. den Schluß des Aufsatzes über »Idole der Selbsterkenntnis«.

Priestley, Hume bis zu den Mills vorbehalten. Überall folgt hier die mechanistische Metaphysik, sowohl angesichts der Natur als der Seele demselben Grundmotiv: ein symbolisches Bild, das nur die möglichen Angriffspunkte zur Bearbeitung und Umformung des Seins — geschaffen aus dem arbeitsdurstigen Geiste des modernen Bürgers — wiedergibt, mit diesem Sein selbst und seinein Gehalte gleichzusetzen. Ein drittes Motiv für die Ausbildung dieses Seelenbildes endlich war, die von den physiologischen Prozessen noch abhängigen Seelenvorgänge zu studieren; an sich ein schönes und notwendiges Beginnen! Aber indem man von den zwei Axiomen ausging, daß die physiologischen Prozesse selbst mechanisch erklärbar seien und daß jeder Veränderung im seelischen Leben auch eine physiologische parallel gehe, suchte man nicht Maß und Art dieser Abhängigkeit objektiv zu bestimmen, sondern unterschlug der erwünschten Konstruktion zuliebe das Eigenleben und die Eigengesetzlichkeit aller höheren geistigen Funktionen, oder deutete sie solange um, bis sie als mögliche und einer Zuordnung fähige Begleiterscheinungen mechanischer Prozesse erscheinen konnten.[5]

Die historische Aufdeckung dieser Zusammenhänge seitens Dilthey war von selbst auch eine Kritik der heute noch vorhandenen Psychologie nach »naturwissenschaftlicher Methode«. Und erst durch sie schuf sich Dilthey freie Bahn für seine Forderung einer dem Erleben, seinen Einheiten und Zusammenhängen selbst nachgehenden deskriptiven und zergliederten Psychologie, die er für die Grundlage der Geisteswissenschaften hielt. (Siehe Ideen einer beschreibenden und zergliedernden Psychologie, 4. Bd. der Gesamtwerke.)

Was er selbst darin geleistet und wie er in seinen groß ange-

---

[5] Heute haben viele Forscher (so z. B. Hugo Münsterberg in seinen Grundzügen der Psychologie I, Leipzig) wenigstens eingesehen, daß dies eine pure Konstruktion ist — mehr auf einem »fiat« des Willens als auf Tatsachen beruhend.

legten historischen Arbeiten zur Romantik, in seinem wunderbar feinfühligen Eindringen in die Zusammenhänge von Erlebnis und Dichtung, in seinen plastischen glanzvollen Bildern der Dichter und großen Historiker, die er noch in seinen letzten Jahren entwarf, die Arbeit fruchtbar machte, ist hier nicht zu sagen.

4.

Der Name Bergson durchtönt gegenwärtig in so aufdringlich lauter Weise die Kulturwelt, daß die Eigentümer feinerer Ohren zweifelnd fragen mögen, ob man wohl solchen Philosophen lesen soll. Denn mehr wie je muß heute der Beifall der Bildungs- und Literatenmasse den Weisen erröten machen. Dann mögen sich jene Feinohrigen sagen lassen, daß man Bergson trotzdem lesen soll. Er hat etwas zu sagen.

Wir gehören nicht zu denen, die, sei es in der Methode dieses Philosophen, sei es in seinen Theorien und Resultaten, einen endgültigen Erwerb der Philosophie zu sehen vermögen. Seine Methode der »Intuition« ist so persönlich, so von der eigenartigen künstlerischen Bildkraft seines Geistes abhängig, daß er wohl echte Jünger und noch leichter Affen, keinesfalls aber Schüler zu haben vermag. Seine zentralste Lehre von der »temps durée« (reinen Dauer) wird den Tiefen des Zeitproblems nicht gerecht und stammelt etwas, was nicht nur der Verstand nicht denken (dies liegt ja sogar in der Konsequenz der Lehre selbst), sondern auch die Anschauung nicht zu erfüllen vermag. Was er in seinem ersten Werke »Essais sur les données immédiates de conscience« über die Größenlosigkeit und Unmeßbarkeit seelischer Tatsachen, über die Natur von Größe, Intensität, Zahl, Raum, Kausalität aufzuweisen sucht, insbesondere die Thesen, es sei der Raum das einzige homogene Milieu und es gäbe Größe und Zahl nur auf Grund seiner Anschauung, muß bei dem heutigen Stande der Philosophie der Mathematik als antiquiert erscheinen. Seine Lehre gar, es sei auch der Gehalt der ganzen reinen Logik (im Unterschied von der sog. transzendentalen Kants), ja selbst das Prinzip der Identität vom Dasein fester Dinge abhängig und nur auf sie anwendbar, diese selbst aber seien nur Ergebnisse einer Tätigkeit des Teilens, welche ein von Lebensbedürfnissen erzeugter Verstand an einem Kontinuum fliehender Qualitätsänderungen vornehme, stellt wohl den Gipfelpunkt eines misologischen Psychologismus dar, der für die deutsche Philosophie als erledigt gelten kann.[1] Was er über die »perception du changement« und über die in der Bewegungserscheinung liegenden Anschauungsfaktoren vorträgt, verhält sich zu dem, was die durch Husserl angebahnte phänomenologische Methode hier faktisch zu eruieren vermag und zum Teil eruiert hat, wie eine oberflächliche al fresco Zeichnung zu einem Werk subtiler Radierkunst. Tausenderlei ähnliches wäre hier noch zu nennen.

Bergsons wahrhafte Größe liegt auf einem anderen Boden. Sie liegt in der Macht, mit der er die Haltung des Menschen zur Welt und zur Seele in eine neue, von der Grundrichtung alles spezifisch neuzeitlichen Denkens abweichende Richtung zu drängen wußte; und sie liegt in der neuartigen Anordnung und Verschlingung, die vermöge dieser neuen Grundhaltung die gesamte philosophische Problematik gewann. Es ist endlich (in vielen Grundfragen der Philosophie) die richtige Umteilung der Beweislasten (des »onus probandi«), die er durch seine neue Haltung fast erzwang.

Die neue Haltung mag zunächst vage genug emotional als ein Sichhingeben an den Anschauungsgehalt der Dinge, als die Bewegung eines tiefen Vertrauens in die Unumstößlichkeit alles schlicht und evident »Gegebenen«, als mutiges Sichselbstloslassen in der Anschauung und in der liebenden Bewegung zu der Welt in ihrer Angeschautheit bezeichnet werden. Diese

---

[1] Siehe Edm. Husserl »Logische Untersuchungen« I. Band und meine Scheidungen im Kapitel über den Apriorismus in »Der Formalismus usw.« I. Teil.

Philosophie hat zur Welt die Geste der offenen, aufweisenden Hand, des frei und groß sich aufschlagenden Auges. Das ist nicht der blinzelnde, kritische Blick, den Descartes — mit dem universellen Zweifel beginnend — auf die Dinge wirft; nicht Kants Auge, aus dem der Geistesstrahl so entfremdet wie aus einer »anderen« Welt und so herrschaftlich auf die Dinge fällt und sie durchbohrt. Der Mensch, der hier philosophiert, hat weder die Angst, welche moderne Rechenhaftigkeit und den Berechnungswillen der Dinge gebiert, noch die stolze Souveränität des »denkenden Rohres«, die in Descartes und Kant Urquell — das emotionale A priori — aller Theorien ist. Vielmehr umspült ihn bis in seine geistige Wurzel hinein der Strom des Seins wie ein selbstverständliches und schon als Seins-Strom selbst — von allem Inhalt abgesehen — wohltätiges Element. Nicht der Wille zu »Beherrschung«, »Organisation«, »eindeutiger Bestimmung« und Fixierung, sondern die Bewegung der Sympathie, des Daseingönnens, des Grußes an das Steigen der Fülle, in dem dem erkennend hingegebenen Blick die Inhalte der Welt allem menschlichen Verstandeszugriff immer neu sich entwinden und die Grenzen der Begriffe überfließen, durchseelen hier jeden Gedanken. Die wahre Welt ist sicher nicht einfacher als die unserer natürlichen Anschauung. Sie ist mannigfaltiger und reicher als sie!

Schon der Begriff der »Philosophie« und Bergsons Lehre von Sein, Erkenntnis und Wahrheit entspricht dieser neuen Einstellung. Philosophie ist schon ihrer subjektiven Einstellung nach nicht »science«. »Science« (die Franzosen meinen ohne Beifügung mit diesem Namen allein Mathematik und exakte Wissenschaft, also nie Biologie und Geschichte) betrachtet die Welt »wie einen Feind«, wie etwas zu Bewältigendes. »Philosophie« betrachtet sie als Gegenstand einer möglichen Vermählung in Anschauung und Liebe. »Wissenschaft« arbeitet nach den apriorischen Modellen des Verstandes, die sie der Struktur der natürlichen Weltanschauung entnimmt und an das Angeschaute wie ein Bestimmungsnetz heranbringt; Philosophie »nach Maß«, in dem sie den natürlichen Konturen der Sache zu folgen sucht. »Science« wird uns die »Bequemlichkeit und das Vergnügen« geben, Philosophie aber— die »Freude«. Philosophie ist nach Bergson sachlich jene Erkenntnis, die zu dem »puren Gegebenen« fortschreitet — so wie es in sich selbst ist, bevor es in die es umgestaltende modelnde Menschenerfahrung, wir können auch sagen in die »Umwelt« des Menschen eingeht. Ihre Erkenntnis ist eben darum Erkenntnis des absoluten Seins und Werdens alles Werdenden, auch des Werdeprozesses noch in der Sphäre des Gewordenen. Sie geht auf das Unwichtigste der Welt, — auf die pure Erkenntnis und Wahrheit. Wissenschaft hingegen ist Erkenntnis des Seins und des Gewordenen (auch des Werdens noch als eines aus lauter unendlich kleinen Gewordenheiten Zusammengesetzten), sofern und soweit dieses Sein zu gewissen Gruppen fester, vorgelegter Relationen und Schemata, welche die Strukturgesetze menschlicher Arbeitsantriebe darstellen, mögliche Anschauungserfüllungen bietet. Auch die »wissenschaftliche Tatsache« ist ihrem Wesen nach ein nach diesen Relationszusammenhängen aus der Totalität des Seins Ausgewähltes. Sie enthält immer schon den Anfang einer Theorie.[2] Unser »Verstand« — hierin steckt eine von Bergsons materiellen Zentralhypothesen — ist ein durch das Leben und seine Entwicklung gebildetes System von Selektionsfaktoren, welches die andrängende Fülle des Seins, der Qualitäten und des unendlich mannigfaltigen heterogenen Werdens der wahren Welt nur in solchen Grenzen und Einheiten uns zur Gegebenheit kommen läßt, als das Eintretende Ansatzpunkte für unser beherrschendes und lenkendes mögliches Handeln auf die Welt zu bilden vermag. Alle Wissenschaft hat mithin nach Bergson einen pragmatischen Einschlag. Unser Aktionssystem ist die Grundlage und das Urbild auch unseres Intelligenzsystems. Erst

---

[2] Hier stützt sich Bergson auf die tiefgehenden erkenntnistheoretischen

der Wille zur Lenkung der Welt hat zur Folge, daß sie uns in Einheiten von »Dingen« und »Vorgängen«, diese aber gegliedert in einem Schema möglicher Teilbarkeit, den homogenen Raum, zerfallen; gleichzeitig auch zur Folge, daß es mit wiederkehrendem Identischen auch Kausalität und Gesetz und damit Berechenbares und Mechanisches in ihr gibt.[3] Ein »purer Geist« aber würde diese Auswahlstrukturen unserer Organisation unter sich sehen. Er würde, indem er die Strukturen selbst noch zum Inhalt einer puren Betrachtung macht, nicht in ihnen und nach ihnen denken, sondern über sie. Ihm wäre jedes feste dingliche Sein in eine Fülle qualitativer Werdensströme aufgelöst, in eine unendlich mannigfaltige, fliehende Gesamt-Realität — ähnlich jener, die wir im freien Strömenlassen unseres inneren Lebens erleben. Hier wäre nichts teilbar, nichts additiv »verknüpft«, nichts auseinander, sondern Alles wäre in Allem tätig. Faraday hat auf Grund seiner Vorstellung von den »Kraftlinien«, durch die er sich die von ihm beobachteten elektrischen Erscheinungen verständlich zu machen suchte, ein so geartetes Naturbild entwickelt: Indem der Substanzbegriff völlig ausgeschaltet ist und da Alles dort ist, wo es wirkt, ward es hier wahr, daß »Alles in Allem wirkt und lebt«.[4] — Was Bergson so als das philosophische Erkenntnisideal bezeichnet, ist oft mißverstanden worden. So hat man gesagt, daß hiernach die ganz passive Hingabe an die »Empfindungswelt«, an den Strom der »Eindrücke«, wie sie im ermüdeten Zustand nach einer durchwachten Nacht oder im sog. »Dösen« stattfindet, uns mit dem Wesen der Dinge verbinden solle. Dies ist nur der alte, wohlbekannte Einwurf, der von den durch die Erdenarbeit hypnotisch gefesselten Geistern dem Vertreter dieses Ideals stets gemacht worden ist. Da ihre Art der Anspannung des Willens dem

---

Studien über die Methoden der Mechanik und Physik von P. Duhem.

[3] Was ich an diesen Thesen Bergsons für unhaltbar und haltbar ansehe, habe ich im II. Teile des Formalismus hervorgehoben.

[4] Siehe Faraday: Scientific papers.

mystischen Erkenntnisideal fehlt, muß ihnen sein erkennendes Verhalten als »passiv«, »untätig«, »faul«, »verträumt« usw. erscheinen. Aber hierbei ist vergessen, daß gerade die volle Entspannung alles, auch des triebhaften automatischen Strebens, die Zurückhaltung alles und gerade an erster Stelle des unwillkürlichen Beziehens der Erscheinungen auf unser Wohl und Wehe, auf ihre mögliche Bedeutung als Reaktions- und Handlungssignale für uns, Sache der denkbar intensivsten geistigen Anstrengung und Übung ist — so sie gelingen soll; daß sie also so wenig eine Art »Dösen« darstellt, daß sie im Gegenteil die intensivste Konzentration des Geistes in der Hingabe an das pure Was und Wesen der Erscheinungen voraussetzt. Nur das Merkmal der äußeren Untätigkeit und der Ausschaltung der gewöhnlichen Willkür- und Urteilsakte hat die von Bergson beschriebene Haltung der »Intuition« mit dem des Dösens — allerdings gemein.[5] In jeder anderen Hinsicht bilden beide gerade den polarsten Gegensatz, den es zwischen Erkenntnishaltungen überhaupt gibt. Für den indischen Fakir ist die steigende Übung im Willkürlichmachen von normal automatischen Bewegungen (Atmen, Herzschlag usw.) ein notwendiger Bestandteil, eine technische Vorbedingung zur Erreichung der Geisteshaltung, in der er sich dem Wesen der Dinge nahe glaubt. Eben um die automatische Strebenstätigkeit zurückzuhalten, muß er auch sie nach Möglichkeit willkürlich machen. Es ist eine im Fortgang des Weges zu der von Bergson gemeinten Geisteshaltung immer tiefere, zentralere und geistigere Tätigkeit, die sukzessiv die Schichten des Strebens, angefangen von den willkürlicheren bis zu den untersten automatischen triebhaften Impulsen — denen sich der Dösende oder der, der »sich gehen läßt« gerade völlig hingibt — zur Entspannung zu bringen sucht. Und diese »schmerzhafte

[5] Doch ist diese bei Bergson wenig klare Lehre von der Intuition nicht mit der streng und eng begrenzten »Wesensschau« der Phänomenologie zu verwechseln.

Anstrengung«, an die Bergson ausdrücklich das Schauen seiner durée z. B. geknüpft sein läßt, ist nötig eben darum, weil gerade der normale Zustand einer nicht besonders aktiv gerichteten Wahrnehmung der Welt, der Zustand, in dem wir ohne besondere Akte der Aufmerksamkeit, der Beobachtung, des Denkens usw. leben, gerade ein ganz und gar durch automatische Triebbewegungen geleiteter ist. Nicht also vor, sondern nach der Stufe energischer Denkbetätigung, wie sie der wissenschaftliche Forscher ausübt, liegt das, was Bergson »Intuition« nennt; nicht vor, sondern nach der logischen Analyse der Erscheinungen ist ihre Stelle. Führt schon das Denken über die durch den unteren Triebautomatismus mit gelenkte Auslese hinaus, die uns einige Punkte und Fetzchen des Werdensstromes zu sogenannten »Empfindungen« werden läßt, so soll die Intuition nicht etwa auf jene praelogische Stufe zurückkehren, sondern im Gegenteil auch über sie hinausschreiten und das reine Bild des Alls wiederherstellen, das in einzelne Empfindungen und deren bloße »Ergänzung« durch Begriffe und logische Beziehungen zerrissen ward. Diese »Intuition« ist daher gleichzeitig ein Zusammen- und Ineinanderschauen der Resultate der Analyse — nicht also ein voranalytisches Verhalten, Die Philosophie soll daher nach Bergson weder die Realität konstruieren (nach Art der rationalistischen Metaphysik) noch sich bei dem Tatbestand der natürlichen Weltanschauung und der (in ihren Linien und Formen) bis zum strengen Mechanismus fortschreitenden Wissenschaft begnügen, um nur deren »Voraussetzungen« regressiv aufzuweisen; sondern sie soll durch »Intuition« das All rekonstruieren, indem sie steigend mit ihm eben dadurch unmittelbaren Erlebniskontakt gewinnt, daß sie die Formen und Schematas zerbricht, die ihm den Charakter eines bloßen Menschenmilieus verliehen.[6]

[6] Da Bergson indes der Begriff der Wesensschau fehlt und die Einsicht in den prinzipiell verschiedenen Charakter dieser Art der »Erfahrung« (im Unterschied zu aller Beobachtung und Induktion), behält seine

Doch was versichert, was garantiert dem Philosophen, daß er in der »Intuition« das Sein selbst berührt und gleichsam im Arme hält? Hier liegt vielleicht der entscheidendste Drehpunkt, den die »Philosophie des Lebens« gegen alle »kritische Philosophie«, allen »Kritizismus« vollzieht. Und eben in der Stellung zu dieser Frage weiß sich auch die deutsche »Phänomenologie« mit Bergson einig. Wie sie die Gegebenheit des Seins selbst der Wahrheit des Urteils mit vollem Bewußtsein voranstellt, so auch die Evidenz im Haben des Seins, im erlebten Daseinskontakt mit der Sache, allen Fragen nach sog. »Kriterien« oder »Geltungen«.[7] Wie groß die Bedeutung der Kriteriumsfragen auf allen Gebieten der Erkenntnis, des Handelns und künstlerischen Bildens auch sei — sie sind abgeleitet und sind niemals »Bedingungen« für die echte Objektivität, sei es des Seins, sei es der Werte. Erst da beginnt der mögliche Sinn der Frage, nach einem »Kriterium« (z. B., ob ich ein »Wirkliches« erkenne oder nicht, ob dieser Mensch gut oder schlecht, ob diese Religion wahr oder falsch, ob dieses Kunstwerk wertvoll oder nicht wertvoll ist), wo die volle Evidenz des Selbstdasein des Gefragten nicht vorhanden ist, also das Fehlen einer Evidenz bezüglich des Gegenstandes selbst noch Inhalt einer evidenten Bewußtseinsintention ist. Jede Kriteriumsfrage erfolgt im ausdrücklichen Bewußtsein des mangelnden Sachkontaktes. Sie ist stets die Frage der Nichtbesitzenden, der Außenstehenden, derer, die nicht Mut oder Kraft haben (und sich dieses Mangels, wie leise immer, bewußt sind), sich mit einer Sache selbst zu vermählen. Ist dies nicht der Fall, so findet sie nur da statt, wo ein solcher Kontakt wesenhaft ausgeschlossen ist. Eben darum setzt nicht nur die Aufstellung, sondern schon der Sinn des Begriffes »Kriterium« Evidenz im lebendigen Sachkontakt

---

Lehre von der »Intuition« eine große Unklarheit in sich, die von seinem Standort nicht zu beseitigen sein wird.

[7] Ganz analog ist auch die Stellung W. Diltheys in dieser Frage schon gewesen. Siehe bes. seinen Aufsatz: »Über das Realitätsbewußtsein«.

irgendwo voraus und alle »Kriterien« für Wirklichkeit, Wahrheit, Recht und Unrecht, für Schön-häßlich sind nur nachträgliche Abstraktionen von dem, was denen selbst gegeben war, die im Besitze solcher Sachen lebten. Es sind immer nur die Anderen, die ewig »Anderen«, die sich im Bewußtsein ihrer inneren Geschiedenheit vom Sein und Wert usw. an die »Zeichen und Wunder« der »Kriterien« halten müssen. Eine Philosophie, die prinzipiell die Kriteriumsfrage, die »Rechtsfrage« — wie Kant sagt — der Evidenz im erlebenden Haben der Sache voranstellt, macht daher nur die Geisteshaltung der Unzulänglichen und sich also Selbstwissenden, macht die Haltung der Türhüter der Dinge zur ursprünglichen und alleinberechtigten Geisteshaltung überhaupt — während alle echte Philosophie der Gast ist, der jegliche offene Türe zu den Sachen benutzt, um sie selbstschauend zu ergreifen. Der Wachende weiß auch, daß er wacht, und er weiß auch, daß er zuweilen träumt und was er träumt; seine Welt umschließt noch die des Traumes; nur der Träumende weiß nicht, daß er träumt und hält sich für wachend. Seine Welt umfaßt nicht die des Wachens. Nur der Träumende, nicht der Wachende bedarf eines »Kriteriums« für Traum und Wachen. Die Wahrheit im Sinne der »Einsicht« ist etwas, was mit den Dingen, auf die sie zielt, auch sich selbst noch beleuchtet. Sie ist nach Spinozas tiefsinnigem Worte »Zeichen ihrer selbst und des Falschen«.[8]

Eben damit ist auch das Problem der Wahrnehmung und der »Transzendenz«, der inneren wie der äußeren, prinzipiell umgestellt. Jede Frage: »Wie kommt das Bewußtsein zur Wirklichkeit, durch welche sog. »Objektivierungsakte« oder »Schlüsse« usw. überschreitet der Geist den bloßen »Inhalt des

[8] Eine noch genauere Behandlung dieser Frage, deren Lösung den inneren Gegensatz von Phänomenologie und Kritizismus mitentscheiden dürfte, wird in meinem im Druck befindlichen Buche über »Phänomenologie und Erkenntnistheorie« (Halle, Niemeyer) gegeben werden.

Bewußtseins«, wird nun als falsch gestellt aufgewiesen. Nach Bergson leben wir in der »puren« Wahrnehmung, als dem Kerne des komplexen Gebildes jeder normalen Wahrnehmung in den Sachen selbst, und analog im puren Erinnern im Sein der Vergangenheit selbst, im puren Erwarten in der »Zukunft« selbst — und das ist vielmehr die Frage: Wie beschränkt und zerteilt sich das, was uns so als Ganzheit in allen möglichen, genau zu eruierenden Stufen der Gegebenheit in der Intention der Anschauung vorliegt, zu unserem durchbrochenen »Bewußtseinsinhalt«? Wie optiert weiter die Seinsfülle ein bestimmtes Ich, dem sie »bewußt« ist? Wie und durch welche mannigfaltigen Faktoren zerfällt uns das Ganze der Körperwelt und der Seele in Teile, in Seitenansichten, in Sehdinge, Hördinge usw., schließlich in die besonderen Gehalte der Sinnesfunktionen und die in sie einschmelzenden »sensations« des Leibes; wie das einheitliche, unteilbare Leben der Seele in besondere »Vorstellungen« und »Vorgänge«, die wir dann mit Bändern der Assoziation oder angenommener »synthetischer Tätigkeiten« verbinden? Das prinzipielle Resultat der eindringenden Untersuchung in seinem Buche »Matière et mémoire« ist von dem Gedanken beherrscht, daß die Struktur unserer Wahrnehmungs- und Erinnerungswelt streng den möglichen Handlungen und motorischen Reaktionen entspricht, welche wir jeweilig auf die Welt vollziehen können, ohne sie faktisch zu vollziehen — d. h. genau der Stufe der in der organischen Reihe zunehmenden »Freiheit« der Lebewesen von dem nach unmittelbarem Raum- und Zeitkontakt erfolgenden, naturgesetzlichen Wirkungsaustausch der Körper der Umgebung untereinander und mit dem Körper des Lebewesens. Eine »Wahrnehmung« ist also nach Bergson nicht etwas, was zu den Dingen als »Bild« im Wahrnehmenden hinzuträte, sondern sie besteht in einer jeweilig zweckmäßigen Beschränkung und Verdunkelung der Weltfülle selbst auf solche Konturen, Schnitte und Punkte der Welt, die für die mögliche praktische Reaktion des Leibes auf die Welt Wert und Wichtigkeit besitzen. Das

Nervensystem wirkt gleich wie ein Lichtverteiler, der gewisse Teile und Elemente je nach ihrer Bedeutung, die sie für mögliche motorische Reaktionen haben, aufleuchten läßt. Niemals aber vermag es den Gehalt der Wahrnehmung (und Erinnerung) zu produzieren oder auch nur eindeutig zu bestimmen. Die Wahrnehmung ist insofern eine Art »Frage« an unsere Kraft, in einer besonderen Richtung zu handeln. Alle besonderen Eigenschaften der normalen Wahrnehmungsgehalte, ihren Wesens nicht Gradunterschied von dem Gehalt der »Vorstellung«, ihre Durchtränktheit von Erinnerungen, ihre räumlichen und zeitlichen Bestimmtheiten, ihren perspektivischen Charakter, ihre mannigfaltigen pathologischen Veränderungen und die analogen Bestimmtheiten der Erinnerung, meint Bergson aus dieser Voraussetzung verständlich machen zu können. Interesse und Aktionsrichtung sind daher nichts, was zur fertigen normalen Wahrnehmung und Erinnerung hinzuträte, als wären die letzteren von Hause aus rein spekulativer Natur und als wären die Sinne in der Entwicklung des Lebens zum Zwecke »reiner Erkenntnis« entstanden und nicht vielmehr um »Freund« und »Feind«, »Beute« und »Gefahr« zu erspähen: Vielmehr beherrschen sie von vornherein den möglichen Spielraum dessen, was an Gehalten jeweilig zur Wahrnehmung und Erinnerung gelangt. Das Zustandekommen jeder einfachsten sinnlichen Perzeption ist bereits an eine motorisch-triebmäßige Reaktion auf die perzipierte Sache geknüpft; das Zustandekommen der Erinnerung und die »Auswahl der Bilder« aber ist geknüpft an deren Verwendbarkeit bei der jeweilig vorhandenen Aufgabe und Tätigkeitshaltung des Organismus. Die Entwicklung der Sinnesfunktionen folgt in der Gattungsentfaltung genau den Veränderungen im Aktionssystem der Arten als abhängige Variable. Nur worauf es auch zu reagieren vermag, wird sich für ein Wesen auch irgendwie perzeptiv darstellen. Die eigenartige Stellung des »Menschen« in der Lebewelt ist darin gegründet, daß auf dieser Stufe des Lebens zuerst eine Art Umkehr des

Verhältnisses von »Geist« und »Leben« beginnt. Vorher ganz an die Richtungen der Lebensbedürfnisse geschmiedet und durch sie in solche einzelne Strahlen zerlegt, die nur die nötigen Schritte des Organismus in seiner Umwelt hell machen, tritt im Menschen ein freier Überschuß des Geistes über die Lebensnotdurft hervor und damit eine mögliche Entwindung des Geistes aus den eisernen Klammern der Milieustruktur, und des ihr entsprechenden Kategoriensystems, zu einem freien Blick in das All der Welt selbst. Analoges setzt sich in der Geschichte des Menschen fort. Der gesamte Mechanismus unserer Arbeitszivilisation und dessen soziale Organisation, sowie das ihm genau entsprechende theoretische Weltbild der mechanischen Naturansicht und der Assoziationspsychologie, gewinnen von dieser Grundbestimmung Bergsons für ihn einen neuen Sinn, ein neues Recht, aber auch eine neue Schranke. Die Arbeitszivilisation enthält nicht die positiven Kulturwerte unseres Lebens, die Rechtsregeln jener Organisation, nicht das positive Ethos, jenes mechanische Bild von Natur und Seele, nicht das wahre An-sich der Welt. Sie sind vielmehr alle zusammen lediglich dienstleistend für die sukzessive Befreiung des Geistes zur Anschauung und Liebe Gottes und der Welt. Jedes Fortrücken der technischen Zivilisation, der Rechtsbildungen und der sozialen Organisationen bestimmt darum nicht eindeutig die Gestaltung der geistigen Kultur, wie der historische Materialismus meint. Wohl aber schaffen sie in der Bewegung ihres Fortrückens ein System jeweilig neuer Durchbruchstellen für den stets andrängenden schöpferischen Geist und seine neuen Inhalte, Werte und Bildungen, die als ein von der Gestaltung der Technik, des Rechts und der Wissenschaft Unableitbares, Neues und Unvorhersehbares »schöpferisch« ins Dasein treten. — Problemverschlingungen ganz eigener und oft fragwürdiger Art ergeben sich aus diesen Grundbestimmungen von Aktion und Wahrnehmung. Der Unterschied von Körper und Seele gewinnt für Bergson einen eigenartigen Zusammenhang mit dem von

Wahrnehmung und Erinnerung. Die »pure« Wahrnehmung, die mit dem Sein der Körper zusammenfiele, ist nach Bergson streng instantan zu denken. In ihr kann nichts »dauern« und nichts eine Geschichte haben. Die Inhalte sind in ihr rein räumlich geordnet — so daß bloße Natur im Grunde — ähnlich wie bei Descartes — in jedem Augenblick neu entsteht und vergeht (Creatio continua). Sie enthält ursprünglich nichts von »Zeit«, sondern nur »gleichzeitige« Inhalte, die in funktionellen Abhängigkeiten geometrischer Art stehen. Für Bergson muß man schon in der Mechanik nicht nur die Zeitmaße auf Raummaße (z. B. auf den wechselnden Winkel der Erdachse bei gleichzeitigen Prozessen) zurückführen, sondern die sog. »homogene Zeit« selbst ist im Grunde gar keine echte »Zeit«, sondern nur ein Symbol (zwecks eindeutigen Vergleiches) für zählbare Gleichzeitigkeiten. Das Scheinbild einer »homogenen Zeit« soll erst dadurch erstehen, daß wir die echte Zeit, die Temps durée, die wir allein erinnerlich und seelisch im Wachstum unseres unumkehrbaren Lebens zur Anschauung bekommen, fälschlich mit dem Außereinander des Raumes zur Vermischung eines Scheinbildes bringen. Dies geschieht dadurch, daß die Erinnerung eine Mehrheit »purer« Wahrnehmungsinhalte zu einer so innigen Synthese und in eine so innige Kontinuität bringt, daß wir vermeinen, schon durch bloße Wahrnehmung einen dauernden zeithaltigen Gegenstand vor uns zu haben. Schon die einfachen, sich scharf voneinander abhebenden Sinnesqualitäten der Farben, Töne usw. sollen durch solche Verschmelzungen von nicht völlig homogenen Bewegungen entstanden sein, die dem Ergebnis der phänomenalen Analyse der Sinneserscheinungen in ihren Ähnlichkeitsbeziehungen entsprechen;[9] erst recht alle Vorstellungen stabiler »Dinge«, »Eigenschaften«, »Vorgänge«. So erscheint alle

[9] Wir halten die hier mitgeteilten Gedanken Bergsons für undurchführbar.

»Dauer« in der Natur und alle Erscheinung von »Bewegung« in ihr schon als eine fälschliche Projektion der wahren Zeit, die sich allein in und durch Erinnerung konstituiert, in die Sphäre des Raumes. Faktisch ist die Natur ohne Dauer — das Bestandlose kat' èksochén — ; faktisch ist die Bewegung des Physikers nur der Inbegriff der gedachten Hindernisse der Bewegung oder des Beweglichen in der Bewegung. Sie ist nur die zerlegte räumliche Strecke, die »Bahn«, deren Punkte verschiedenen unwiederkehrbaren Phasen der wahren »temps durée« unseres inneren Lebens zugeordnet sind. Nur darum, weil der Physiker die Bewegungserscheinung ihres Kernes, des in ihr enthaltenen Elementes von Tendenz, Dynamis und »Übergang« vom Orte A zu B beraubt, und nur das tote unbewegliche geometrische Bild ihrer Spur und die Abhängigkeitsbeziehungen solcher Spurenbilder voneinander vor Augen hat, kommt es zu dem für die Mechanik gültigen Satz von der »Relativität der Bewegung« und zur Definition ihrer als bloßer »Ortsveränderung eines Identischen«. Die wahre Bewegungsidee hat ihr Urbild im erlebten Bewegen unserer Organe, d. h. innerhalb der vitalpsychischen Sphäre. Diese echte »Bewegung« ist »absolut« und mehr der unumkehrbare Wandel eines Zu Standes als Ortsvariation.

An dieser gefährlichen Stelle wird Bergsons Philosophie nicht nur Mystik, sondern außerdem sehr fragwürdige psychologistische Mystik. Das psychische Sein und Werden gewinnt hier nicht nur einen Umfang, der auch das »Leben« in sich aufnimmt und die unableitbare Selbständigkeit des Lebensphänomens aufhebt, sondern es erscheint wie ein Tor in das Wesen der Dinge selbst, in die geheime Werkstätte alles und jedes Werdens überhaupt. Die »Natur« verliert hier das selbständige und eigenherrliche Sein, das ihr zukommt, und gewinnt den an orientalische Sündenfallskosmogenien gemahnenden Charakter einer bloßen »Entspannung der Seele«, einer Dissoziation und Desorganisation ihrer konzentrierten Einheit und ursprünglichen Freiheit. Überall verfällt hier Bergson der weitverbreiteten

Täuschung, die psychische Tatsache für »unmittelbarer gegeben« zu halten wie die physische Erscheinung;[10] es gelingt ihm nicht, das tote psychische Faktum von den Akten des »Geistes« abzuscheiden, die beider Tatsachenbereiche, der physischen und seelischen, notwendige Korrelate sind. So tief und für jede Fortbildung einer Philosophie des Lebens grundlegend seine Scheidung von »gelebtem Leben« und dem »Erleben des Lebens« ist, so völlig unabhängig muß sie doch von der Verschiedenheit des »Psychischen« und »Physischen« gehalten werden; so unabhängig auch von der Beziehung auf Vergangenheit und Zukunft. Auch die Natur ist uns unmittelbar im Erleben ihrer Bewegungen und Kräfte gegeben und auch sie hat — trotz Kants bekanntem Spott — ihre »Tiefe«, in die noch etwas anderes dringt als »mathematische Zergliederung der Erscheinungen«. Und andererseits hat, wie die mechanische Naturansicht auch die von Bergson schlechthin verworfene objektive Assoziationspsychologie ihr wohlbegründetes Recht;[11] sie hat es, wenn sie sich nur begnügt, ein Bild zwecks möglicher Lenkbarmachung und Leitung der Seelen durch Einwirkung auf den Leib zu geben und nicht vermeint, ihr Wesen zu erkennen. — Nicht notwendig mit diesen Irrtümern verflochten sind Bergsons Lehren vom Verhältnis des leiblichen Nervensystems und Gehirns zu den seelischen Prozessen. Gibt es »reine« Wahrnehmung und »reine« Erinnerung, so hat es nicht nur keinen Sinn, diese mythisch als »Bilder« irgendwo im Gehirn zu lokalisieren, sondern auch keinen Sinn, jeder Variation der Inhalte der Wahrnehmung, der Erinnerung, des Fühlens und Wollens eine eindeutige Abhängigkeit von Veränderungen im Zentralorgan in dem Sinne zuzuschreiben, daß allen gleichen Elementarfaktoren der Inhalte auch gleiche Elementarfaktoren

[10] Siehe den Aufsatz über »Idole der Selbsterkenntnis«, in dem dieser Irrtum zurückgewiesen ist.

[11] Dieses Recht und seine Grenzen finden sich eingehend aufgewiesen im II. Teile des »Formalismus usw.«

des physiologischen Geschehens »parallelistisch« entsprechen müßten. Da Erinnerung und Wahrnehmung ursprünglich ein Leben des Geistes in den Sachen selbst sind und nicht »Bilder« dieser, so haben die zentripetalen Nervenvorgänge mit ihren Endwirkungen in den Endstellen im Gehirn nur die Aufgabe, das Leben des Geistes in den Sachen für die möglichen Aktionen und Triebrichtungen des Leibes nach ihrer Verwendbarkeit auszuwählen und zu dissoziieren. Jede produzierende Bedeutung, ja auch jede eindeutig die Inhalte ihrem Was und Wesen nach bestimmende Bedeutung fehlt ihnen. Wenn jemand einen Baum wahrnimmt, so fügt sich nach Bergson nicht an die Endstelle des sensorischen Reizprozesses im Gehirn irgendwie ein neues, durch den Gehirnvorgang bestimmtes »psychisches Gebilde« zeitlich an; vielmehr setzt sich der nervösgeleitete Reizvorgang in einen motorischen Impuls um, während gleichzeitig aus der Umwelt, die der Perzeption stets als daseiend in allen möglichen Stufen der Vagheit und Helle mitgegeben ist, sich irgendeine Seitenansicht des Baumes selbst aufleuchtend heraushebt und den Charakter eines »Lebhaftigkeitswertes« über Null gewinnt, ohne den es eine bewußte »Perzeption« nicht gibt. Analoges gilt für die Erinnerung, deren Inhalte gleichfalls unabhängig vom Dasein der Gehirnvorgänge sind. Das ist also allein eine zweckmäßig abgestufte Verdunkelung und Erhellung der Teile einer uns als Ganzes gegebenen Umwelt und unseres vergangenen Lebens, — genau korrespondierend den Regungen unserer Interessen, Bedürfnisse, Triebe und deren motorischen Begleiterscheinungen, welche Aufgabe und Leistung des Gehirns und Nervensystems sind. Die Vorgänge in ihnen zerteilen und verknüpfen unsere Bewegungsimpulse zu immer neuen Handlungseinheiten und diesen folgend zerteilt und verknüpft sich im Gegenstand der Gehalt unserer Wahrnehmung und Erinnerung. Nicht Assoziation, sondern zweckmäßige Dissoziation ist so die eigentliche und alleinige Leistung des nervösen Systems. Fragen, wie die nach der

Möglichkeit einer ursprünglichen gegenseitigen Beeinflussung der sinnlichen Funktionen, wie sie die Beobachtung feststellt (z. B. des Hörens einer Melodie durch gleichzeitiges Sehen einer Farbe usw.), von der ursprünglich ersten Verbindung eines Geschmackes süß mit der Farbe weiß, die doch verschiedenen Sinnesfeldern entsprechen, zur Einheit der Wahrnehmung eines Stückes Zucker, auf die uns die sensualistische Assoziationspsychologie ohne Antwort läßt, entfallen hierdurch als sinnlos.

Das geistige Individuum ist nach Bergson die strömende Totalmannigfaltigkeit eines ungeteilten und unteilbaren Lebens, in der nichts Gleiches wiederkehrt, da stets das Ganze des fortdauernden, in die Gegenwart stets hineinwirkend erlebten vergangenen Lebens die Totalursache des kommenden ist. Niemals also ist hier wie in der mechanischen Kausalität der eben vorhergegangene Zustand und Vorgang Ursache des folgenden. Da hier somit keine Ursache wiederkehrt, sondern jede nur einmal ihre Wirkung abgibt, so gibt es in diesem einheitlichen Leben keine »Gesetzmäßigkeit« und kein »Voraussehen« der Erscheinungen. Das Wesen des Geistes ist Neuschöpfung und Wachstum — Erscheinungen, deren Wesen der Voraussage spottet. Scheidungen, die wir an diesem Leben vollziehen, sind nur wechselnde points de vues dieser ungeteilten Einheit, deren individuelle Farbe und Regsamkeit in jedem ihrer Glieder mitgegenwärtig ist. Nur wenn man die, jene points de vues bezeichnenden Wortsymbole zu vermeintlichen Teilen der seelischen Mannigfaltigkeit macht, ergibt sich die Vorstellung der Assoziationspsychologie, die Seele sei ein »Komplex von Vorstellungen, Empfindungen« usw. Und aus demselben Grunde entsteht dann auch die Lehre, sie sei eine »einfache Substanz«, die über ihren Erlebnissen steht. Durch diese künstliche Hypothese soll die im Erleben des Rationalisten ihm selbst nicht zur Anschauung kommende Einheit irgendwie wieder gewonnen werden. Von diesem ungeteilten Leben einer Seele eine Intuition zu gewinnen, das muß die Grundaufgabe jeder Erkenntnis der Seele sein und dieses Ziel muß alle Geisteswissenschaften und alle Geschichte leiten. Erst im Lichte dieser Intuition wird auch jede besondere Regung, Handlung, jegliches Werk und jeder Satz und Teil seiner voll verständlich, während keine noch so große Induktion an Einzelerlebnissen diese Einheit des historischen Individuums zu restituieren vermag. Der Mensch, besonders der Mensch von heute — Bergson hört nicht auf, es zu wiederholen — ist ganz »außerhalb seiner«. Er weiß nichts von Augustins »Noli foras ire; in te ipsum intra!«. Die räumlichen Bilder und Symbole für Seelisches verstecken und verhüllen ihm die intime Einheit seiner Seele. Seine »soziale Figur« und das soziale Ich, das spricht und handelt, liegt wie eine undurchdringliche Hülle über der individuellen Regsamkeit seines wahren »intimen« Ich. »Wenige wissen, wie schön ihre Seele ist« — sagt Plotinos in den Enneaden.

Das seelische Individuum ist der Endpunkt der Richtung auf vollste dynamische Durchdringung aller seiner Erlebnisse, wie sie etwa vor einer entscheidenden Tat bei größter »Sammlung« gegenwärtig ist. In dieser Durchdringung seiner Erlebnisse, die verschiedene Niveaus der Spannung durchläuft, ist der Mensch »frei«, indem er sich also selbst erlebt; und in ihr allein ist er auch »schöpferisch«. In der Richtung des Aufgehens in seine Leibsensationen und in die Gesellschaft mit ihren Gesetzen psychischer Ansteckung wird er naturartig und nähert sich dem Bilde, das die Assoziationspsychologie und Soziologie vom Sein der Seele und der Geschichte überhaupt entwirft. Man bemerkt, wie sich hier Bergsons Ableitung der Assoziationspsychologie mit den historischen Aufdeckungen ihrer Ursprünge durch Dilthey ergänzt.

Wenn die methodische Umstellung der Philosophie auf die Herausarbeitung der Tatbestände des unmittelbaren Erlebens und die Horizonte, die sich für sie durch die Fortschritte der Biologie der zweiten Hälfte des 19. Jahrhunderts eröffneten, lange berührungslos nebeneinander lagen, so war es der eingreifendste Schritt, den Bergson überhaupt gemacht hat, diese neue methodische Einstellung mit der neuen materialen Problematik des biologischen Lebensproblems zu verschmelzen. Was bei Nietzsche nur gelegentliches Aperçu war, wurde nun gestaltet und wuchs zu dem merkwürdigsten Werke von Bergsons L'evolution créatrice zusammen, das uns kürzlich in einer ausgezeichneten Übersetzung durch Gertrud Kantorowicz auch in deutscher Sprache erschlossen wurde. (Bei Eugen Diederichs, Jena, 1912.)

Wichtiger als die sehr problematischen Resultate des Werkes ist die neue Problemstellung und -verschlingung. Sie geht von dem Grundgedanken aus: Alle Probleme der Biologie müssen aufs engste Hand in Hand mit der Erforschung der vitalen Bedeutung und des vitalen Ursprungs des Verstandes gestellt werden, dessen Hauptleistung die unsere gesamte Zivilisation tragende mechanische Ansicht von Natur und Seele und deren praktische Anwendung ist. Soll es überhaupt möglich sein, daß unser Geist sich der Bewegung und den Formen des stets werdenden Lebens anschmiege, so muß die Frage gehen, ob eben jener Teil des Geistes, den wir »Verstand« nennen, überhaupt hierzu befähigt ist. Sind die Kategorien dieses Verstandes, insbesondere die Inbegriffe von Relationen, die als Prinzipe der Mechanik das Netz des Mechanismus definieren, in die er in der Wissenschaft der toten Welt die Tatsachen der Beobachtung einfängt, ja sie erst zu »wissenschaftlichen Tatsachen« gestaltet, ganz oder zum Teil nur auf Grund von praktischen Reaktionen des Lebens auf seine Umwelt im Menschen geworden, so ist zu erwarten, daß der Erkenntnis des Verstandes, dieses Teilgeschöpfes des universellen Lebens innerhalb nur einer seiner Entwicklungsrichtungen (die über die höheren Wirbeltiere zum Menschen führt) das Leben selbst und damit auch sein eigener Urquell — verschlossen und transzendent bleiben müsse.[12] In diesem Falle müßten seine Kategorien und Handgriffe an der Eigennatur dieser Realität zersplittern — und nur ein anderer Weg, eine der Bewegungs- und Werdensart des Lebens selbst gleichsam kongeniale, flüssigere Bewegungsart des Geistes vermöchte der Entfaltung des Lebens auf seiner Entwicklungslinie nachzulaufen und sich ihr nachzuschwingen. Als Teilgebilde des einen Lebens, das auch wir Menschen sind, muß aber auch auf dem Quellpunkte unseres, des menschlichen Geistes, eine Reihe von Spuren und Quellpunkten all der mannigfaltigen »Formen des Bewußtseins« noch vorhanden sein, die Leben überhaupt in seinen divergenten Entwicklungslinien in Pflanze und Tier gebildet hat; sie sind versteckt durch den Verstand, der das Tote berechnet; aber sie sind vielleicht zu wecken und mit ihm zur Einheit eines Totalbewußtseins zu verschmelzen, das »durch eine jähe Rückwendung gegen den Lebensstoß, den es hinter sich fühlt, von ihm eine, wenn auch dämmernde Totalansicht erlangen könnte«. (L'evolution créatrice). So also muß Erkenntnistheorie und Lebenstheorie in Einem unternommen werden, und beide müssen sich gegenseitig in's Unendliche vorwärtstreiben. Gerade darin besteht das Neue dieser Problemstellung, daß Bergson mit äußerster Schärfe den Zirkel erkennt, der in den bisherigen Versuchen einer entwicklungsgeschichtlich-biologischen Ableitung der Intelligenz z. B. durch Herbert Spencer gelegen war; und den die deutschen Schüler Kants (am klarsten Aloys Riehl),[13] dessen Lehre vom Apriori Spencer »überwunden« zu haben meinte, seit langem erkannt haben. Eine gattungsmäßig erworbene und vererbte

[12] Was an den Grundkategorien und Anschauungsformen der mechanischen Reduktion der äußeren Erscheinungen rein logische und mathematische, was selbst nur lebensrelative Voraussetzungen sind, versuche ich in dem Buche »Phänomenologie und Erkenntnistheorie« zu zeigen. Keineswegs kann ich Bergson recht geben, wenn er selbst die reine Logik und die Zahl und Geometrie als bloß lebensrelative Wissenschaften ansieht.

[13] Siehe Kritizismus, II. Band.

Anpassung an den Naturmechanismus kann der Verstand darum nicht sein, da jener Mechanismus, den er hinter die Sinnesdaten als reale Natur konstruiert, das ganze Gefüge seiner Grundrelationen bereits in sich enthält — die vermeintliche Ableitung des Verstandes also ihn immer schon voraussetzt. Spencer geht nicht dem Werden der Entwicklung auf den Tritten des Lebens selbst nach, sondern er zerlegt nur das Gewordene (wie der Physiker die Bewegung) in kleine Stücke und zeigt, wie man sich das Gewordene aus ihnen auf dieselbe Weise zusammengestellt denken kann, wie wir ein Werkzeug oder eine Maschine aus Teilen verfertigen — »denken« mit demselben Verstand, den er sich doch auf diese Weise aus einer mechanistischen Biologie und der Assoziationspsychologie abzuleiten einbildet. Nur eine gemeinsame Ableitung des Bildes von Materie, das die Wissenschaften des Toten entwickeln und des Verstandes — ein Zurückgehen also hinter den Gegensatz von Verstand und Natur, in deren Korrelation Kants Philosophie als vor einem Letzten stehen blieb, könne daher in Frage kommen. Solche Ableitung erst wäre wahre »Kosmogonie«. Von dieser neuartigen Problemstellung aus entwickelt Bergson ein großzügiges, freilich weit mehr künstlerisch empfundenes, als philosophisch getestetes Gesamtgemälde vom Wesen und Gang des universellen Lebens; dem Sinne seiner Formen als Pflanze, Mensch, Tier, den Arten des Bewußtseins, die es als Dumpfheit, Instinkt und Verstand ausbildete; und er beschließt das Werk mit einer Zusammenfassung dessen, was sich aus dem also Gewonnenen für die Bedeutung des Lebens im Verhältnis zum Geist und Verstand und für den gemeinsamen Ursprung der Naturordnung und des Verstandes ergibt. Alles Eindringen in diese Gedankenwelt sei dem Leser des Werkes überlassen. Alles von Bergson Vorgebrachte ist darauf gespannt, die eine Intuition vom »Elan vital« im Leser wachsen zu lassen, der einen und unteilbaren Schwungkraft, des schau- und fühlbaren dynamischen Stromes, der durch die Mittlerschaft der entwickelten Organismen, der

Bindeglieder der Keime von Keimgeneration auf Keimgeneration hindurchläuft, sich am Toten brechend immer neu zerteilt, in immer neue Artschöpfungen aufwirbelt, bald wie verlaufen in ein Milieu und hypnotisiert von dem, was er sich aus der Fülle der Materie als seine momentane »Umgebung« selbst herausschnitt, dasteht und zu zagen scheint, bald zu neuen Eroberungen und Erschließungen des Universums rennend, mit seinem Strömen wächst und schafft und alles Geschaffene wieder in sich zurücknimmt, um Neues zu schaffen. Kein »Plan« und kein »Zweck«, — Kategorien, die nur in menschlicher Arbeits- und Verstandesart wurzeln — aber auch kein Mechanismus vermögen das Tun und Wirken des riesigen helläugigen spielerischen Kindes, als das hier das »Leben« erscheint, je verstehen machen. Finalismus und Mechanistik zeigen beide nur auf verschiedene Art und Weise, wie man sich das Material des Elan vital in Analogie zu einem arbeitenden Menschen, der Maschinen verfertigt, zusammensetzbar denken kann — niemals aber den dynamischen Antrieb seines Spieles selbst, das — unter anderem auch Hand und Verstand aufgebaut hat. Aber so sehr jedes Zugmotiv, jeder »Zweck« fehlt, — die Einheit des Anstoßes, der hinter den divergenten Entwicklungen steht, wird in der Ähnlichkeit seiner Schöpfungen (z. B. des Mollusken- und Wirbeltierranges) bei toto coelo verschiedenartigen Umwelt- und Reizbedingungen sichtbar und ist uns in der vitalen Sympathie (am innigsten in der Mutterliebe) auch emotional gegenwärtig.

Es ist gewiß nur eine erste Kontur, ein erstmaliges Antippen der philosophischen Probleme der Biologie, auf die nun alle unsere Arbeit gespannt sein muß, was Bergson in seinen geistvollen, aber ungenauen Entwicklungen vollzog. Die Früchte der durch Roux gewiesenen entwicklungsmechanischen Richtung wurden nicht gepflückt; die entwicklungstheoretische Betrachtung nimmt gegenüber jener vom Wesen des Lebens, seiner Form und Bewegung und deren morphogenetischem

Werden eine viel zu bedeutende Rolle im Ganzen ein. Eine tiefere Lehre vom Tode und vom Sinn des Eros und der Geschlechtertrennung suchen wir vergebens. Aber eine eminent fruchtbare Richtung der Nachforschung ist schon durch die neue Problemverschlingung zweifellos gewiesen.

* * *

Von leisen Anfängen der Umbildung der europäischen Weltanschauung und darum auch des Weltbegriffs ward hier zu berichten. Von nicht mehr als leisen Anfängen! Von der genaueren, strengeren — und deutscheren Art des Verfahrens, in der eine vom Er-leben der Wesensgehalte der Welt ausgehende Philosophie jüngst im »Jahrbuch für Philosophie und Phänomenologie« (Niemeyer, Halle 1913)[1] einige Früchte ihrer Arbeit kürzlich dargeboten hat, haben wir hier mit Absicht geschwiegen, obzwar wir von ihr und auf ihrem Boden erst die volle Nutzung auch der großen Antriebe erhoffen, die Fr. Nietzsche, Dilthey und Bergson unserem Denken erteilt haben. Wir schwiegen, weil die Arbeit auf der, in der Gruppe der Freunde der Phänomenologie gewählten Niveauhöhe zurzeit noch eines Maßes von Stille bedarf, die durch irgendein Echo unserer Rede aus der Öffentlichkeit nur vorzeitig unterbrochen werden könnte. Nicht auf einem, sondern auf sehr verschiedenen Niveaus des Bewußtseins aber wird sich die Umbildung der Weltanschauung vollziehen, die wir im Auge haben.

Das eine aber wissen wir: Sie wird sein wie der erste Tritt eines jahrelang in einem dunklen Gefängnis Hausenden in einen blühenden Garten. Und dieses Gefängnis wird unser, durch

[1] Siehe bes. E. Husserls »Ideen zu einer reinen Phänomenologie und phänomenologischen Philosophie«. Die in diesem Aufsatz nur oberflächlich berührten Beziehungen der Phänomenologie zur Erkenntnistheorie finden sich eingehend dargelegt in dem Buche des Verfassers über »Phänomenologie und Erkenntnistheorie« (Halle 1914.).

einen auf das bloß Mechanische und Mechanisierbare gerichteten Verstand umgrenztes Menschenmilieu mit seiner Zivilisation sein. Und jener Garten wird sein — die bunte Welt Gottes, die wir — wenn, auch noch weit in der Ferne — sich uns auftun und hell uns grüßen sehen. Und jener Gefangene wird sein — der europäische Mensch von heute und gestern, der seufzend und stöhnend unter den Lasten seiner eigenen Mechanismen einherschreitet und nur Erde im Blick und Schwere in den Gliedern seines Gottes und seiner Welt vergaß.

(Aus: Max Scheler: Versuche einer Philosophie des Lebens, in: ders.: Abhandlungen und Aufsätze, Band 2, Leipzig 1915, S. 169-228. Verbesserte und erweiterte Version der gleichnamigen Ersterscheinung von 1913 in »Die weißen Blätter« Nr. 3, S. 203-233)

Max Scheler als Lebensphilosoph gelesen

Nachwort von Robert Josef Kozljanič

Max Scheler (1874 in München - 1928 in Frankfurt a. M.), ein Husserlianer mit Nähe zur Lebensphilosophie — mensch könnte genausogut sagen: ein Lebensphilosoph mit Nähe zur husserlschen Phänomenologie, denn die Lebensphilosophie war für sein Denken ebenso prägend wie Husserl[1] —, knüpft in vielfältiger Weise an Nietzsches Überlegungen an. So ist seine Ressentimentlehre[2] ohne Nietzsches Vorarbeiten nicht denkbar. Ähnliches, wenngleich etwas abgeschwächter, gilt für seine

---

[1] Kurt Wuchterl meint, dass es, trotz der Nähe zur husserlschen Phänomenologie, falsch wäre, »Scheler einen Phänomenologen im strengen Sinn oder gar einen Schüler Husserls zu nennen. Scheler fehlt das Interesse an der exakten Methode und an der konsistenten Argumentation; seine Beschreibungen und blitzartigen Visionen sind nur Ausgangspunkte einer leidenschaftlichen Auseinandersetzung mit den vielfältigen Problemen, wobei er von einem Entwurf zum nächsten eilt.« Wuchterl, K.: Bausteine zu einer Geschichte der Philosophie des 20. Jahrhunderts, Bern Stuttgart Wien 1995, S. 192. — In der mir vorliegenden fünften Auflage von »Wesen und Formen der Sympathie« (Frankfurt a. M. 1948) finden sich unter den von Scheler meistgenannten Autoren: E. Becher, Bergson, Driesch, Freud, E. v. Hartmann, Lipps, Nietzsche, Schopenhauer. Husserl findet kaum Erwähnung; und wenn, dann neutral in gleichzeitiger Nennung mit anderen Denkern und/oder, wie auf S. 243f, wo er in einem Atmemzug mit Rickert als »erkenntnistheoretischer Idealist« bezeichnet und des Transzendentalismus bzw. Cartesianismus bezichtigt wird, kritisch.

[2] Vgl. Scheler, M.: Das Ressentiment im Aufbau der Moralen, in: ders.: Abhandlungen und Aufsätze, Band 1, Leipzig 1915, S. 39-274; vgl. auch den nietzscheanischen Titel der zweiten Auflage der zweibändigen »Abhandlungen und Aufsätze« von 1919: »Vom Umsturz der Werte«.

Theorie der Sympathiegefühle.[3]

Scheler knüpft aber ebenso an andere Lebensphilosophen an, etwa an Wilhelm Dilthey, Henri Bergsons, Theodor Lessing oder Ludwig Klages.

Theodor Lessing und Scheler: Ahmung und Einsfühlung

Dem Anliegen, dem sich Theodor Lessing in seinem auf das Jahr 1906 zurückgehenden Aufsatz »Psychologie der Ahmung«[4] gewidmet hat — die Einseitigkeiten und Ungenauigkeiten des Einfühlungsbegriffs von Theodor Lipps[5] durch angemessenere Begrifflichkeiten zu überwinden — widmet sich Scheler in dem 1923 erschienenen Buch »Wesen und Formen der Sympathie«. Interessant ist, dass Lessing für das subjekt-objekt-vorgängige Einheitserlebnis der »Ahmung« auch das Wort »Einsfühlung« bzw. »Einsfühlen« verwendet: »Immer zielt das Wort auf einen Zustand der Unbewußtheit, in welchem, sei es Bewußtsein und Gegenstand oder sei es Ich und Du, ungeschieden ineinander bleiben.«[6] Exakt dieses Einheitserlebnis wird später, wie Doris Croome in ihrem Aufsatz »Leib und Gefühl im Denken Schelers« zeigt, auch von Scheler als »Einsfühlung« bezeichnet:

---

[3] Scheler, M.: Wesen und Formen der Sympathie, Bonn 1923. Dieses Buch stellt die zweite, wesentlich erweiterte und umgearbeitete Auflage von »Zur Phänomenologie und Theorie der Sympathiegefühle und von Liebe und Haß« (Halle 1913) dar.

[4] In der Version von 1914 abgedruckt in: Lessing, T.: Philosophie als Tat, Göttingen 1914, S. 127-151; ein Nachdruck dieses Textes findet sich in: II. Jahrbuch für Lebensphilosophie, Leib-Denken, München 2006, S. 295-308.

[5] Vgl. z. B. Lipps, T.: Grundlegung der Ästhetik, Hamburg Leipzig 1903, v. a. den 2. Abschnitt »Der Mensch und die Naturdinge« S. 96-223.

[6] Lessing, T.: Psychologie der Ahmung, in: Philosophie als Tat, a. a. O., S. 127-151, hier 133.

»Bei der Einsfühlung wird die Trennung zwischen dem eigenen Ich und dem Fremd-Ich aufgegeben. Sie schließt sowohl Nachfühlen wie Mitfühlen aus, weil sie eine völlige Identifizierung bedeutet. Einsfühlung kann vorkommen bei: Mysterienreligionen, Hypnose, in der Mutter-Kind-Beziehung, bei kindlichen Spielen, beim Geschlechtsakt, bei Massenverhalten. Einsfühlung findet auf der leiblich-vitalen Ebene statt. [...] Einsfühlung erfolgt automatisch«.[7]

Lessing lernte Scheler 1895 kurz nach seiner Ankunft in München im Studentenverein »Philosophische Gesellschaft« kennen. Wie sich herausstellte, wohnte Scheler ganz in der Nähe Lessings bei seinen Eltern. Es kam zu einer distanzierten Bekanntschaft, die, so Lessing, erst zerbrach, nachdem Scheler mit Ausbruch des ersten Weltkrieges »ein bluttriefendes widriges Buch [schrieb], das die weltgeschichtliche Metzelei dialektisch rechtfertigt und mir schlimmer schien als ein Mord.«[8] (Scheler sah nach dem Krieg freilich Manches anders und revidierte seine Ansichten.) Nicht auszuschließen ist demnach, dass Scheler von Lessings Gedanken beeinflusst wurde. Ein Werk Lessings, nämlich »Europa und Asien«, wird denn auch von Scheler in seinem Sympathie-Buch im Abschnitt »Die kosmische Einsfühlung in den Gemütsgestalten der Geschichte« angeführt: als Beleg für die auf kosmischer Einsfühlung basierende Naturreligiosität der indischen Kultur.

---

[7] Croome, D.: Leib und Gefühl im Denken Schelers, in: II. Jahrbuch für Lebensphilosophie, Leib-Denken, a. a. O., S. 123-135, hier: S. 133; vgl. hierzu vertiefend: Croome, D.: Gefühl und Erkenntnis, Darmstadt 2003.

[8] Lessing, T.: Einmal und nie wieder, Gütersloh 1969, S. 342-346, hier: S. 344. Auch Ludwig Klages lernte Scheler in der »Philosophischen Gesellschaft« kennen. Es kam jedoch zu keiner näheren Bekanntschaft; vgl.: Schröder, H. E.: Ludwig Klages, Die Geschichte seines Lebens, 1. Teil: Die Jugend, Bonn 1966, S. 132f. Die philosophische Auseinandersetzung Schelers mit den ihn faszinierenden und provozierenden Gedanken Klages' setzte erst später ein; vgl.: Großheim, M.: Ludwig Klages und die Phänomenologie, Berlin 1994, S. 158-172.

»Als Waldvolk lebt der Inder — im Gegensatz zur städtischen antiken und christlichen Welt — nicht in der Einstellung nordeuropäischen primären Herrschafts- und Lenkungswillens gegenüber der Natur, auch nicht in distanzierter Bewunderungen und Liebe zu ihren plastischen Formen und Gestalten wie der Grieche, sondern er lebt *,in'* ihr, d. h. in vitaler Einsfühlung mit ihr und ihrem als universal angeschauten All-Leben. Darum ordnet er auch den Menschen nicht dem Tier und der Pflanze an metaphysischem Rang und Sein *über* — sei es so wie Platon oder Aristoteles als leuchtende Spitze der Aristokratie der Natur, sei es wie der Jude als ihren ,Herrn' und ihren Gott ebenbildlichen ,König' (Schöpfungsgedanke), in dessen gottgewolltem *Dienst* alles übrige Leben, ja Dasein stehe —, sondern verkehrt mit den lebendigen Geschöpfen und dem auch im Anorganischen für ihn noch verborgenen Ausdruck von Leben als ihr ,Bruder', ,Genosse', ,Freund', jedenfalls als *Gleicher mit Gleichen* — nicht in herabschauender erbarmender Liebe (wie etwa in dem alttestamentlichen ,Der Gerechte erbarmt sich seines Viehes'), sondern in Auge in Auge geradeaus blickender Richtung.«

Und genau dieses naturreligiöse Alllebenskonzept, dieser »Gedanken der universellen Seinsdemokratie« wie Scheler sagt — ein Gedanke, der ja bekanntlich für die biozentrische Richtung der Lebensphilosophie von grundlegender Bedeutung ist — sei in Lessings Buch »gut herausgearbeitet«.[9]

---

[9] Scheler, M.: Wesen und Formen der Sympathie, Frankfurt a. M. [5]1948, S. 87f.

Fühlendes Herz und leibnahes Ich

Von lebensphilosophischem Interesse ist, dass und wie Scheler das leibnahe (sinnliche, lebensverliebte, leiblich spürende) Ich zu bestimmen sucht: nämlich als fühlendes Herz:

> »Ich befinde mich in einer unermeßlichen Welt sinnlicher und geistiger Objekte, die mein Herz und meine Leidenschaften in eine unaufhörliche Bewegung setzen. Ich weiß, daß ebensosehr die Gegenstände, die mir zu wahrnehmender und zu denkender Erkenntnis kommen, wie all das, was ich will, wähle, tue, handle, leiste, vom Spiel dieser Bewegung meines Herzens abhängig ist.«[10]

Wie Doris Croome nachzeichnet, versucht Scheler ganz bewusst und in Gegenposition zum transzendentalen Ideal-Ich, den Standpunkt des Herzens, der ihm zugleich ein Standpunkt des Fühlens ist, herauszuarbeiten, um so zu einem »ordo amoris«, zu einer »Ordnung des (liebenden) Herzens« zu gelangen. Auf diese Weise öffnet sich ihm der Weg zu einem leib- und lebensnahen, zu einem weltzugewandten und vertrauensvollen Denken:

> »Kants Philosophie, die Scheler auf eine Grundangst zurückführt, ist immer wieder Zielscheibe seiner Kritik. Im Gegensatz dazu muss man bei Schelers Philosophie ein Grundvertrauen in die Welt voraussetzen, ein Grundvertrauen in Welt und Selbst, das sich dieser Welt aussetzen, sich auf einen Verkehr mit ihr einlassen kann, ohne sie zu kontrollieren und zu konstruieren. Liebe und Fülle sind Erkenntnismotor,

[10] Scheler, M.: Ordo Amoris, in: Schriften aus dem Nachlass, Bd. 1, Zur Ethik und Erkenntnislehre, Gesammelte Werke Bd. 10, hg. v. Maria Scheler, Bern 1957, S. 345-376, hier: S. 347.

> Vertrauen und Stärke, nicht Angst und Leid.«[11]

Martin Arndt hat den philosophischen Standpunkt Schelers unter Zuhilfenahme zahlreicher Scheler-Zitate treffend und unverkürzt so charakterisiert:

> »Unter dem Vorzeichen des Primates des Seins vor dem Bewußtsein (zitiert wird Goethes ‚Mein Kind, ich hab es gut gemacht, ich habe nicht über das Denken gedacht') sucht Scheler ‚überall an den »Quellen« selbst ... zu trinken', ohne ‚Furcht, die Beute der stürmenden Wogen zu werden', weil er sich von der *‚großen Welle'* getragen weiß, die ihn mit den überstürzenden Fluten des Meeres verbindet [...]. Es scheint, daß die für Scheler typische Geste der ‚offenen Hand' den Erlebnishunger eines ‚homme ouvert' symbolisiert, der im ‚lebendigen Buche der Natur' lesen möchte; es ist ein Merkmal der Philosophie Schelers, daß der Kontrastbegriff zur logischen (d. h. theoretischen) Ungewißheit der ‚Mut' als die Kardinaltugend schlechthin ist: der Mensch kann nur ‚sinnhaft' leben, wenn er in seinen Existenzvollzug das nach den strengen Maßstäben der Wissenschaft ‚blinde' (unbegründete, überschüssige) Vertrauen aufnimmt (ein Lieblingszitat Schelers war der Volksspruch ‚Ich leb', ich weiß nicht, wie lang, / Ich sterb', ich weiß nicht wann, / Ich fahr', ich weiß nicht wohin, / Mich wundert, daß ich so fröhlich bin'), sich dem ‚Überfluß' seines geistigen Vermögens zu überlassen, und nicht primär nach den bürgerlichen ‚Lehnsessel-Kategorien' des Planes, des Zieles und des Zweckes schielt, wenn doch gerade die ‚höheren' Erkenntnisse (z. B. die Intuition) und Stimmungen (z. B. die Seligkeit) sich erst einstellen, wenn sie nicht intendiert sind«.[12]

---

[11] Croome, D.: a. a. O., S. 125.

[12] Arndt, M.: Einleitung, in: Scheler, M.: Schriften zur Anthropologie, hg. v. M. Arndt, Stuttgart 1994, S. 5-25, hier: S. 6f.

Exakt dieser Standpunkt ist ein lebensphilosophischer! Scheler weiß und sagt das auch, nämlich in seiner Schrift »Versuche einer Philosophie des Lebens«. Und: dieser Standpunkt ist *cum grano salis* der Standpunkt des leibnahen Ichs, der Standpunkt des »menschlichen Herzens«. Auch in Bezug darauf weiß sich Scheler in der Nähe der Lebensphilosophie. Wie er in seinem Sympathie-Buch bemerkt, sind es nicht zuletzt

> »die unmittelbar gegenwärtigen Gruppen von Bewegungen, die, ohne oder mit Anknüpfung an die große Reaktionsbewegung der Romantik, die Gestalt des menschlichen Herzens erneuern wollen (Fechner, Bergson, Phänomenologie, Vitalismus, Kreis um Stefan George [hier dürfte auch Klages mitgemeint sein], Jugendbewegungen).«[13]

Wie gesagt: von diesem lebensphilosophie-nahen, gefühl- und leib-anerkennenden Standpunkt aus philosophiert Scheler. Von ihm aus kommt er zu erstaunlichen Einsichten in die leibliche wie seelische Gefühlssphäre und Gefühlsdynamik, von ihm aus auch zu Einblicken in Entstehung und Auswirkung von Ressentiments.

Extreme Grundstimmungen und Einseitigkeiten wie Neid, Ohnmachtsgefühle, schwaches Selbstbewusstsein und mangelnde Fähigkeiten können nicht nur Kompensationsleistungen wie Ausgrenzung, Weltflucht, Kontrollbedürfnis, übersteigerte Intellektualität, sondern auch Ressentimentbildung bedingen. Ressentiment ist nach Scheler Werttäuschung und Gefühlsverfälschung. Ressentiments führen zu einer »Unordnung des Herzens«. Deshalb ist für Scheler ein gesundes Selbstwertgefühl wichtig, auch philosophisch wichtig, um angemessen fühlen und bewerten zu können. Wie es Croome zusammenfasst:

---

[13] Scheler, M.: Wesen und Formen der Sympathie, a. a. O., S. 104f; vgl. auch: ders.: Versuche einer Philosophie des Lebens, in: Vom Umsturz der Werte, Abhandlungen und Aufsätze, Gesammelte Werke Bd. 3, hg. v. Maria Scheler, Bern [4]1955, S. 311-339, hier: S. 325.

> »Wer stark genug ist und genügend Selbstvertrauen besitzt, an sich selbst genügend Werte erkennen kann, besitzt auch die Fähigkeit, fremde Werte zu akzeptieren, auch wenn er sie selbst nicht besitzt.«[14]

Weil Scheler den Standpunkt des leibnahen, fühlenden Ichs einnimmt, gelingt ihm eine philosophische Entdeckung,[15] die später, im leibphänomenologischen Diskurs, von zentraler Bedeutung sein wird: die Entdeckung des »affektiven Betroffenseins« (so der Schlüsselterminus von Hermann Schmitz[16]) bzw. der »betroffenen Selbstgegebenheit« (wie Gernot Böhme im Anschluss an Schmitz es ausdrückte[17]). Auch darauf hat Croome hingewiesen:

> »Was ist aber ein Gefühl im Unterschied zu den anderen Vermögen? Für Scheler ist das wesentlichste Charakteristikum eines Gefühls im Gegensatz zu einer bloßen Vorstellung eine gespürte Betroffenheit, eine ,erlebte Bezogenheit auf das Ich oder die Person'«, ein gewisser »Für-Mich-Aspekt«.[18]

Mit Schelers Worten:

> »Alle ,Gefühle' überhaupt besitzen eine erlebte Bezogenheit auf das Ich (oder die Person), die sie von anderen Inhalten und Funktionen (Empfinden, Vorstellen usw.) *scheidet*, eine Bezogenheit, die prinzipiell verschieden ist von jener, die auch ein Vorstellen, Wollen und Denken begleiten kann. Nicht nur den Zuständen, auch den Funktionen kommt sie

---

[14] Croome, D.: a. a. O., S. 124.

[15] Er ist sicher nicht der einzige und erste, der diese Entdeckung macht, aber einer derjenigen, der sie eben macht. Worauf es ankommt.

[16] Vgl. z. B. Schmitz, H.: Der unerschöpfliche Gegenstand, Bonn ^{2}1995, S. 48f.

[17] Vgl. etwa Böhme, G.: Leibsein als Aufgabe, Leibphilosophie in pragmatischer Hinsicht, Kusterdingen 2003, S. 83f. u. 128.

[18] Croome, D.: a. a. O., S. 126 u. 134.

zu. Auch wo ich ‚etwas' fühle, z. B. irgendeinen Wert, da ist durch die Funktion hindurch der Wert mit mir, dem Fühlenden, inniger verbunden als da, wo ich etwas vorstelle.«[19]

Körper-Leib-Seele-Geist-Hierarchie

Jetzt verhält es sich aber so, dass der Standpunkt des leibnahen Ichs für Scheler nicht der einzige und auch nicht der entscheidendste ist. Der vorletzte Satz hat es schon angedeutet: die gespürte Betroffenheit, hieß es dort, sei auf das Ich oder die Person bezogen. Und in diesem »oder die Person« kündigt sich der andere, ausschlaggebende Standpunkt an: die »Person« als ein sinnlich, leiblich, empirisch, seelisch überhaupt nicht mehr (be)greifbares, rein geistiges Aktzentrum. Diese geistige Person stellt das Ich-Ideal der schelerschen Philosophie dar. So grundlegend, methodisch wie lebenspraktisch grundlegend, das leibnahe Ich auch sein mag: höherwertig — und zwar in einem absoluten und ‚objektiven' Sinne — ist für Scheler die geistige Person. Weshalb Schelers phänomenologische Lebensphilosophie in einen metaphysischen (letztlich theistischen) Personalismus mündet. Dieser Personalismus bzw. das ihn konstellierende Ich-Ideal hat gravierende Auswirkungen auf das schelersche Philosophieren. Welche, zeigt ein kurzer Blick auf seine Gefühlseinteilung. Scheler stellt die verschiedenen Gefühlsarten nicht etwa gleichrangig nebeneinander, sondern pyramidenförmig-hierarchisch übereinander. Zuunterst stehen die minderwertigen »sinnlichen Gefühle« oder »Empfindungsgefühle« (z. B. Hunger, Schmerz, Berührungswollust). Schon etwas besser gestellt sind die »Leibgefühle« und »Lebensgefühle« (z. B. Krankheitsgefühl, Gesundheitsgefühl, Appetit, Geschlechtslie-

---

[19] Scheler, M.: Der Formalismus in der Ethik und die materiale Wertethik, Halle ^{2}1921, S. 344.

be). Diesen an Wert überlegen kommen an dritter Stelle die »rein seelischen Gefühle« (»reine Ichgefühle«, z. B. Freude, Traurigkeit). An der Spitze der Pyramide und von höchstem und absolutem Wert sind die »geistigen Gefühle« (z. B. Seligkeit als ein tiefes »emotionales ‚Ja'!«, Verzweiflung als ein tiefes »emotionales ‚Nein'!«).[20]

Mensch kann sicherlich über diese Einteilung der Gefühle im Einzelnen geteilter Meinung sein. So ist z. B. die Unterscheidung der sinnlichen von den leiblichen Gefühlen meines Erachtens fragwürdig, weil sie eine Trennung zwischen Sinnlichkeit und Leiblichkeit suggeriert, die in der vitalen Sphäre, in der sich beide Gefühlsarten (nach Scheler) ja befinden, so noch gar nicht existiert. Auch in Bezug auf die geistigen Gefühle stellen sich Fragen. Etwa, inwiefern mensch ein »tiefes emotionales Ja« als ein geistiges Gefühl bezeichnen kann. Solch ein Grundgefühl des Urvertrauens bildet sich, wie die Tiefenpsychologie[21] plausibel machen konnte, in allerfrühster Kindheit und ist durch affektive Momente beeinflusst, die in der Mehrzahl einen unbewusst-leiblichen und nur sehr bedingt bewusstseinsfähigen Charakter haben. Es liegt also nicht unbedingt nahe, hier von einem geistigen Gefühl zu sprechen. Überhaupt ist die Rede von geistigen Gefühlen fragwürdig. Gibt es geistige Gefühle im strengen Sinne? Kann der Geist fühlen? — Doch was auch immer mensch im Einzelnen kritisieren mag: dass verschiedene Gefühle phänomenal betrachtet nicht gleichartig sind, und dass verschiedene Gefühle nicht gleich bewertet werden, lässt sich wohl kaum in Abrede stellen. Scheler hat diesbezüglich größtenteils fein beobachtet und unterschieden. Problematisch ist nicht so sehr das »Dass« der schelerschen Beobachtungen, sondern das hierarchisierende

[20] Zu dieser Gefühlshierarchie vgl.: Scheler, M.: Der Formalismus in der Ethik, a. a. O., S. 340-357; und: Croome, D.: a. a. O., S. 128-131.
[21] Vgl. z. B.: Erikson, E. H.: Kindheit und Gesellschaft, Stuttgart ^{4}1971, v. a. S. 241-245.

»Wie« ihrer Auswertung. Diese Problematik, die immer wieder im Denken Schelers auftaucht, sei hier an einem lebensphilosophisch aufschlussreichen Beispiel — den »Fundierungsgesetzen der Sympathie« — illustriert. Weil diese »Fundierungsgesetze« und das Zusammenarbeiten der »sympathetischen Funktionen« von zentraler Bedeutung sind — und als einer der wichtigsten und ganz eigenständigen Beiträge Schelers zur Lebensphilosophie betrachtet werden können — wurden sie im Anschluss an mein Nachwort *in extenso* abgedruckt.

Fundierungsgesetze des sympathetischen Fühlens

Für Scheler bauen die verschiedenen Arten sympathetischen Fühlens aufeinander auf. Dies so, dass an unterster Stelle die Einsfühlung rangiert. Einsfühlung ist die Basis für Nachfühlung (»Einsfühlung fundiert Nachfühlung«), Nachfühlung für Mitgefühl (»Nachfühlung fundiert Mitgefühl«), Mitgefühl für univeralistische Menschenliebe (»Mitgefühl fundiert Menschenliebe (Humanitas)«) und Menschenliebe ist schließlich die Basis für überweltliche Person- und Gottesliebe (»Menschenliebe fundiert akosmistische Person- und Gottesliebe«).[22] Es handelt sich sozusagen um einen hierarchisch-geschichteten Aufbau der sympathetischen Gefühle. Je höher die Schicht, auf der der sympathetische Fühlakt verortet wird, umso mehr Schichten befinden sich »fundierend«, also bedingend, unter ihm und umso »geistiger« ist dieser Akt selbst. Entfaltung der höchsten geistigen Schicht, der »akosmistischen Person- und Gottesliebe« ist demnach nicht durch Umgehen oder Überspringen der anderen Schichten, sondern nur Schicht auf Schicht höher schreitend, also in einem Prozess der Überschichtung, zu erreichen. Immer stellt hierbei die Einsfühlung die Basis dar.

[22] Scheler, M.: Wesen und Formen der Sympathie, a. a. O., S. 105-112.

Selbst nach gelungenem Überschichtungsprozess bleibt die Fähigkeit zur Einsfühlung wichtig. Schwindet sie, wird sich das auch auf höhere Schichten auswirken. So muss z. B. nach Scheler mit »wesensgesetzlicher Notwendigkeit [...] die Rückbildung der kosmisch-vitalen Einsfühlung schließlich auch die Menschenliebe und das Mitgefühl mit den Menschen als Menschen schädigen.«[23]

Doch obwohl die höheren Leistungen die niederen zur Voraussetzung haben, hat jede Stufe ihre eigene Qualität, Eigengesetzlichkeit, Freiheit. Eine Qualität, Eigengesetzlichkeit, Freiheit, die sich nicht aus den unteren Schichten ableiten oder sich auf sie reduzieren lässt, sondern diesen gegenüber relative, ja, auf der höchsten Stufe gleichsam absolute, Unabhängigkeiten genießt. In Bezug auf die »geistige Personliebe« bedeutet das konkret, dass sie —

> »hinaus über die Gegebenheit der bloßen Existenz der fremden Person — ursprünglich nicht mehr nur von spontanen Akten des sie Liebenden oder Verstehenden allein abhängt, sondern auch von dem freien Ermessen der zu liebenden oder geistig zu verstehenden Person. ‚Personen' können nicht verstehend erkannt werden (im Nachvollzug ihrer geistigen Akte), *ohne sich selbst spontan zu erschließen.* Denn sie können auch ‚schweigen' und sich verbergen. Die automatischen (unwillkürlichen) Ausdrucksäußerungen als solche reichen als Erkenntnisfundamente nur bis zum Gehalt des spezifischen Vital- und Seelenich des Menschen — nicht aber bis zur Erkenntnis und zum Verstehen der noetischen Akte seiner Person. Die Sprache — und damit aber auch mögliches Schweigen und Verschweigen — ist für die Erfassung des Personinhalts also wesentlich. Das Seelenleben des Tieres ist in diesem Sinne für den Menschen prinzipiell [...] voll durchsichtig — die geistige Person des Menschen ist es

[23] Scheler, M.: Wesen und Formen der Sympathie, a. a. O., S. 116.

nicht. Sie kann sich selbst *ver*schließen oder *auf*schließen.«[24]

Überschichtung als Herrschafts- oder Freundschaftsverhältnis?

Bis hierher könnte, sofern mensch nicht generelle Einwände oder prinzipielle Abneigungen gegen solch ein psychologisch-einteilendes und essenzialistisch-kategorisierendes Vorgehen hat, den schelerschen »Fundierungsgesetzen« tendenziell noch zugestimmt werden. Doch nun entsteht das Problem, dass Scheler diesen Schichtaufbau der sympathetischen Akte mit der Hierarchie der Gefühle und der daraus abgeleiteten Wertstufung verbindet. Sinnliche Gefühle werden als (vermeintlich) mechanische, rein physiologische Vorgänge in die Zuständigkeit der Naturwissenschaft abgeschoben, mit einem »Nutzwert« gleichgesetzt und von der Einsfühlung abgetrennt. Erst lebendige und leibliche Gefühle werden auf die Stufe der Einsfühlung gehoben und mit einem »Lebenswert« gleichgesetzt.[25] Die höheren sympathetischen Akte werden den seelischen Gefühlen und einem »edleren Lebenswert« gleichgesetzt. Und die höchsten sympathetischen Akte stellen als »geistige Gefühle« den höchsten »geistigen Wert« dar. Aus dem solcherart Gleichgesetzten werden nun gewisse Rechte abgeleitet. Z. B. das Recht, dass prinzipiell jederzeit für einen

---

[24] Scheler, M.: Wesen und Formen der Sympathie, a. a. O., S. 111.

[25] Sinnliche Gefühle kommen also unterhalb der Einsfühlung zu stehen, was doppelt merkwürdig ist. Zum einen, weil sich dann die Frage stellt, durch welches noch fundamentalere Vernehmensvermögen sie denn überhaupt »fundiert« sein könnten, wenn doch schon die Einsfühlung das fundamentalste Vernehmensvermögen sein soll. Zum anderen, weil, wie sich mit Klages nachweisen ließe, die sinnlichen Gefühle engstens mit den in klagesscher Diktion »seelischen« verflochten bzw. durch diese »fundiert« sind.

höherwertigen sympathetischen Akt, für ein höherwertiges Gefühl, kurz: für einen höheren Wert, eine Einbuße auf niedrigerer Stufe in Kauf genommen werden kann, ja teilweise sogar in Kauf genommen werden muss:

> »Wohl soll und darf [...] Leben und Lebenswert jeder Art [...] geopfert werden erstens für Lebenswerte des edleren Lebens, zweitens für rein geistige und religiöse Werte und ihre Güter — nie aber darf solches Opfer erfolgen für Nutzwerte, und sei es selbst für die ‚Wissenschaft'«. Und: »Erst das Wachstum der geistigen Kulturwertegüter, die geistige Bildung der Person im Menschen und die heiligen religiösen Güter dürfen sich kraft autochthonen Rechts auch des Menschen als Vitalwesen bedienen, um auch auf dessen Kosten zu wachsen.«[26]

Aber, so muss mensch sich nun fragen, war es für Scheler nicht so, dass, wenn die unteren Schichten Schaden nehmen, auch die oberen in Mitleidenschaft gezogen werden? Soll das nun auf einmal, wo es um die Verwirklichung ich-idealer Werte geht, nicht mehr bzw. nur noch mit starken Einschränkungen gelten? Mir will scheinen, dass sich Scheler hier — und zwar durch sein Absolutsetzen der geistigen Person — in theoretische Widersprüche und Selbstwidersprüche verwickelt, die für das Lebensphilosophieren fatale Auswirkungen zeitigen. Denn ganz offensichtlich ist das, was Scheler hier zu etablieren sucht, ein Herrschafts- und Unterdrückungsverhältnis des idealen Ichs gegenüber den niederen Schichten. Eigenmächtige Erhöhung des idealen Ichs auf Kosten der niederen Schichten, damit auf Kosten des leibseelischen Vitalwesens, damit auf Kosten des leibnahen Ichs und damit auch auf Kosten der »Ordnung des Herzens«: Das ist nicht anderes als ein gnadenloser Rückfall in leibfeindliche Denk- und Erfahrungsmuster. Dabei war Scheler

[26] Scheler, M.: Wesen und Formen der Sympathie, a. a. O., S. 117 u. 116.

mit seiner Einsfühlungstheorie und seinem Überschichtungskonzept kurz davor, zu einem phänomennahen und differenzierten Lebensphilosophieren durchzustoßen. Es hätte gar nicht viel gefehlt. Nicht die für ihn so wichtige »geistige Person«, nur deren Absolutsetzung hätte er fahren lassen müssen. Dann hätte sich ihm eine Einsicht eröffnet, die meines Erachtens für eine nicht-reduktive Lebensphilosophie wichtig, wenn nicht zentral ist: die Einsicht, dass sich die »geistige Person« nicht nur in ein autonomes Herrschafts- und Unterdrückungsverhältnis, sondern auch in ein souveränes oder aber auch einordnendes Freundschaftsverhältnis zu den niederen Schichten setzen kann.

Ich habe in Bezug auf eine andere, letztlich jedoch ähnliche Thematik gezeigt, welche Art von Verhältnissen hier möglich wären, möglich waren, möglich sind.[27] Etwa ein Einordnungsverhältnis, das dadurch gekennzeichnet ist, dass sich der Mensch taktvoll den vorgefundenen und gewachsenen tieferen Schichten einordnet und, wenn es zu willentlichen Eingriffen kommt, diese Eingriffe schonend bleiben, sich der vorgefundenen Ordnung respektvoll anschmiegen. Oder auch ein Überformungsverhältnis, das dadurch bestimmt ist, dass vorgefundene, abgeschichtete Grundstrukturen zwar überformt, nicht aber deformiert werden. D. h. im Prozess der Überformung wird die »niederschichtige« Grundform überformt — durchaus auch durch umfangreichere und souveräne Eingriffe —, nie aber so, dass die Grundform durch die Überform prinzipiell deformiert werden würde. In beiden Arten der Überschichtung werden keine Herrschafts- und Konkurrenzverhältnisse, sondern eben Freundschafts- und Anerkennungsverhältnisse etabliert. Die höhere Schicht lebt hier nicht auf Kosten der niederen und gegen sie, sondern in einem positiven Sinne auf Grund und mit der niederen. Menschliche Geistigkeit wirkt sich hier nicht vampyrisch und leibausbeuterisch, sondern lebens- und leibförderlich aus. Die durch

[27] Vgl.: Kozljanič, R. J.: Der Geist eines Ortes, München 2004.

Fundierungszusammenhänge bedingte Abhängigkeit des Geistes wird nicht als Hindernis und Fessel, sondern als Voraussetzung und Chance begriffen. Die Freiheit des Geistes wird nicht als eine selbstherrliche »Freiheit von« missbraucht, sondern in einem grandiosen und ebenso originär-geistigen Akt gegenseitiger Anerkennung, in einem Akt der »Freiheit zu« realisiert. Die Freiheit des Geistes hat hier also nicht die Unfreiheit des Nicht-Geistigen zur Voraussetzung, sondern ein Sich-gegenseitig-Frei-und-Zulassen, auch in den Unterschiedlichkeiten.

Anhang 1: Max Scheler: Die Fundierungsgesetze der Sympathie

Gibt es ein wesensgesetzliches Verhältnis der Fundierung zwischen Einsfühlung, Nachfühlung, Mitgefühl, Menschenliebe, akosmistischer Person- und Gottesliebe? Ich meine, daß es ein solches gibt.

a) Einsfühlung fundiert Nachfühlung

Sowohl in der Ordnung der (zeitlosen) Fundierung der Funktionen als der genetischen Entwicklungsordnung scheint mir die Einsfühlung die Nachfühlung zu »fundieren«. Freilich gilt dieser Satz nur für die Gefühlsfunktionen, nicht für die Gefühlszustände. Es steht also nicht so, daß dasselbe Zustandsgefühl in A, das von B nachgefühlt wird, auch einmal Inhalt oder Teilinhalt einer Einsfühlung gewesen sein müsse oder gar unmittelbar vorher gewesen sein müsse. Wohl aber muß das jeweilige Subjektsganze, dessen Teilelement das nachgefühlte Gefühl ist, einer Einsfühlung seitens desselben — nachfühlenden oder sich einsfühlenden — Subjekts noch zugänglich sein. Die Einsfühlung muß sich ja keineswegs notwendig auf alle oder auch nur auf einen bestimmten Teil der konkreten Zustände miterstrecken, die das Subjekt besitzt, in das hinein sie stattfindet. Sie kann also je konkrete oder nur abstrakte Einsfühlung sein (und dies in allen Graden). Ich kann mich je einsfühlen mit allem Lebendigen, mit der Menschheit als Ganzem, mit einem Volk, einer Familie, ohne dabei mit zu umfassen alle konkreten Gefühlszustände, die mein Einsfühlungssubjekt besitzt. Charakteristisch für die Einsfühlung bleibt immer 1. ihr unterwachbewußter Vorgang, 2. ihr automatisches (unfreies) Erfolgen, 3. ihre subjektive und objektive Beschlossenheit in der Sphäre des Vitalbewußtseins — lauter Momente, die für die Nachfühlung nicht gelten. Aber: ich muß die Qualität des Zustandes, der nachgefühlt wird (in deutlicher Distanz zum Subjekt, dem nachgefühlt wird), irgendeinmal durch Einsfühlung mit der Subjekt*gattung*, der ich nachfühle (direkt oder indirekt z. B. durch Einsfühlung mit Jemand, der sich vorher mit dieser Gattung einsfühlte), erhalten haben, wenn die (distanzierte) Nachfühlung möglich sein soll. Die Qualitäten der Zustände, die wir nachfühlen, brauchen ja — wie gezeigt — keineswegs die Daseinsform des »Selbsterlebten« durchlaufen haben, um doch nachfühlbar zu sein. Aber soweit diese Zustandsqualitäten hinausreichen über die Qualitäten des »Selbsterlebten« (die naturgemäß diejenigen bleiben, die am leichtesten und unmittelbarsten nachfühlbar sind), können sie mir nicht ursprünglich durch Nachfühlen, sondern müssen sie mir ursprünglich durch echte *Einsfühlung* zugekommen sein.

Es ist daher ein Grundgesetz aller Gefühlsentwicklung sowohl vom Kinde zum Erwachsenen, als vom Tier zum Menschen, als vom Primitiven zum Zivilisierten, daß wir im unentwickelteren Zustande noch Einsfühlung finden, wo wir in entwickelteren Zuständen Nachfühlung finden. So besteht — wie früher gezeigt — im kindlichen weiblichen Bewußtsein, im »Mamaspielen« z. B. noch echte Einsfühlung des Kindes mit der Puppe, resp. seiner selbst mit der Mutter (man könnte im ersteren Falle von »ekphorischer« Einsfühlung, im zweiten Falle von »euphorischer« Einsfühlung reden), indem im ersteren Falle der Alter (Puppe) mit dem Ego, im zweiten Falle der Ego mit dem Alter (Mutter) identifiziert wird (A = E, E = A). Spielt dasselbe Spiel das erwachsenere Kind, so haben wir dagegen nur mehr »Nachfühlung«. Ebenso haben wir in der primitiven Ahnenidentifizierung noch Einsfühlung, später nur Nachfühlung des Ahnenlebens in »pietät«-vollem *Ahnenkult.* So haben wir in Herde, Horde und Masse noch echte Einsfühlung, wogegen in »Lebensgemeinschaft« (z. B. Familie) nur Nachfühlung vorliegt. (Die sehr verschiedenen Systeme von Blutrache beruhen kaum mehr auf echter Einsfühlung mit dem verletzten Familien-, Sippen- usw. -genossen, sondern schon auf »Nachfühlung« und »Vertretung«.) So haben wir in den antiken Mysterien noch echte Einsfühlung, wogegen in der überall aus Mysterium und Liturgie geschichtlich herausgewachsenen Schauspielkunst an die Stelle der Einsfühlung bloße ästhetische Einsfühlung und Nachfühlung tritt. Die Haltung des Zuschauers in der antiken noch halbkultischen Tragödie dürfte einen Übergang zwischen beiden Typen darstellen. So tritt an die Stelle der instinktiven einsfühlenden Mutterliebe in späteren Stadien der Entwicklung des Kindes die bloße Nachfühlung, wogegen der Vater dem Kinde gegenüber von vornherein nur Nachfühlung besitzen dürfte. Dieses sind nur einige Beispiele, die beliebig vermehrbar wären.

Analog gilt: Wir haben da noch Einsgefühl, z. B. im Kriege mit unserem leidenden und kämpfenden Volke, wo wir kein Einsgefühl mehr haben können gegenüber der erweiterten Gruppe, z. B. anderen Völkern gegenüber als Gliedern desselben Kulturkreises. Ihnen gegenüber besteht nur Nachfühlung und Mitgefühl. Allgemein gesagt: Wir haben mit der engeren Gruppe noch Einsgefühl, wo wir mit der weiteren nur noch Nachfühlung und eventuell Mitgefühl haben.

b) Nachfühlung fundiert Mitgefühl

Daß dieses Fundierungsgesetz besteht, ist vorher eingehend gezeigt worden und bedarf in diesem systematischen Zusammenhang nur der Erinnerung.

c) Mitgefühl fundiert Menschenliebe (Humanitas)

Es ist — wie gezeigt — das Mitgefühl in seinen beiden Formen des »Miteinanderfühlens« und des »Mitgefühles mit«, die uns das (zuvor schon als *Sphäre* gegebene) »fremde Ich überhaupt« im Einzelfalle zum Bewußtsein gleicher *Realität* bringen — gleich mit der Realität unseres eigenen Ich. Diese gleiche Realitätshaltung (und darauf erst *beruhende* Urteilssetzung) ist aber die *Voraussetzung* zur Bewegung der spontanen Menschenliebe, d. h. der »Liebe eines Wesens« bloß, *weil* es »Mensch« ist — »Menschenangesicht« trägt. Das Nachfühlen gibt diese gleiche Realität noch nicht. Es gibt nur die Qualität des fremden Zustandes — nicht seine Realität. Darum können wir wohl die Freuden und Leiden von Romanpersonen, von fiktiven Gestalten des Dramas (Fausts, Gretchens z. B.), die der Schauspieler darstellt, nachfühlen — nicht aber, so lange wir uns überhaupt ästhetisch verhalten und nicht, wie der lesende Backfisch, in Wirklichkeitsteilnahme — echtes *Mitgefühl* mit ihnen haben. Denn Mitgefühl ist *wesensgesetzlich* verbunden mit der *Realhaltung* des Subjekts, mit dem man mitfühlt. Es verschwindet also, wenn an die Stelle des für real gehaltenen Subjekts ein Subjekt tritt, das als Fiktum, »Bild« gegeben ist. Die volle Überwindung des Autoerotismus, timetischen Egozentrismus, Realsolipsismus und Egoismus findet eben erst im *Akt* des Mitgefühls statt. Die emotionale »Realisierung« der Menschheit als Gattungseinheit muß daher im Mitgefühl schon vollzogen sein, wenn die Menschenliebe in diesem spezifischen Sinne möglich sein soll.

Ihre enge Zusammengehörigkeit leuchtet auch daraus ein, daß weder Menschenliebe noch Mitgefühl von vorangehenden Unterscheidungen abhängen zwischen den positiven oder negativen *Werten* von Menschen, resp. dem Werte der Gefühle, mit denen man mitfühlt. Die echte Menschenliebe unterscheidet nicht zwischen Volksgenossen und Fremden, Verbrecher und

Gutem, zwischen Rassenwert und Rassenunwert, Bildung und Unbildung, auch nicht zwischen Gut und Schlecht usw. *Alle* Menschen umfaßt sie genau wie das Mitgefühl, nur weil sie Menschen sind — aber in spezifischer Abhebung von dem Tier und von Gott. Das schließt indes nicht aus, daß in der Menschen*liebe* im Gegensatz zum Mitgefühl (das auch dem Tiere zuwendbar ist) auch die Menschheit — wie wesensmäßig in jeder Liebe positive Werte mitgegeben sind — als Träger spezifischer positiver Werte erfaßt wird — nämlich im Verhältnis zum Tiere sowohl wie zum Göttlichen. Ihr Pathos ist ein durchaus eigenes und spezifisches Pathos im Sinne der Worte Goethes: »Denn ich bin ein Mensch gewesen, und das heißt ein Kämpfer sein.« Im Mitgefühl ist dieser spezifische *Wert* des Menschen nur als Menschen noch nicht gegeben.

Gewiß kann die Menschenliebe — ist sie durch reines Mitgefühl einmal in Bewegung geraten — die Funktionssphäre echten Mitgefühls ihrerseits aktiv wieder beliebig ausdehnen, indem erst durch die Erfahrungen, die sich aus aktiver Hilfeleistung ergeben, zu welcher Leistung erst die Liebe — und noch nicht das wesentlich passive Mitgefühl führt — die Kreise der Objekte möglichen Mitgefühls immer mehr erweitert werden. Aber dies schließt nicht aus, daß das Mitgefühl überhaupt — als intentionales Akterlebnis — für das mögliche Werden der Menschenliebe notwendig fundierend ist.

d) Menschenliebe fundiert akosmistische Person- und Gottesliebe

Über die innere Wesensverschiedenheit von Menschenliebe und jener akosmistischen Liebe zur geistigen Person jedes (beliebigen) Nächsten in Gott, die (historisch zuerst) im Christentum aufgetreten ist, braucht hier kein Wort mehr verloren zu werden. Wir haben diesen Gegenstand eingehend behandelt in der Abhandlung »Das Ressentiment im Aufbau der Moralen«, in: »Vom Umsturz der Werte«, Bd. I, 2. Aufl. Wir bekennen aber heute, daß wir nach unserer heutigen Einsicht in diese Dinge an verschiedenen Stellen der Abhandlung zu weit gegangen sind.[1] Unsere These war unter anderem in jener Abhandlung, daß die »moderne Menschenliebe« (Humanität, Philanthropie usw.) ausschließlich aus »Ressentiment« gegen Vaterlandsliebe, christliche Personliebe und Gottesliebe nur »ausgespielt« worden sei — also gar keine »echte«, »autonome« Liebesbewegung gewesen sei mit eigenem positiven Fundament im Wesen des menschlichen Geistes — sondern nur eine Kampf- und Protestthese gegen die christliche Person- und Gottesliebe einerseits, die Vaterlandsliebe andererseits. Auch heute sind wir — wie damals — der Überzeugung, daß die Idee der allgemeinen Menschenliebe sehr häufig auf Ressentimentbasis in diesem Sinn polemisch *verwandt worden* ist. Ferner halten wir auch heute fest, daß die Wert*überordnung* der allgemeinen Menschenliebe über die christliche Person- und Gottesliebe sowohl, als über die Vaterlandsliebe, resp. die Liebe zur Nation und zum Menschen des eigenen Kulturkreises, ferner die Wertüberordnung der utopischen »Fernstenliebe« (Nietzsche) über die »Nächstenliebe« *ausschließlich* ein Werk des nur »ausspielenden« Ressentiments sei (d. h. eine ideologische Umformung des Hasses gegen das Göttliche, des Hasses gegen die geistige Person im Menschen und ihrer möglichen Vollkommenheit, des Hasses gegen das Vaterland, den »Nächsten«). An dieser These geben wir nicht das Mindeste preis. Aber eben auch nur diese Wert*überordnung* der Menschenliebe — nicht aber sie selbst ihrem Wesen und ihrer Wurzel nach — ist ein Werk des Ressentiments. Und nicht sie selbst, sondern nur ihre »Idee« kann also »ausgespielt« werden gegen die genannten Liebesfor-

[1] Jonas Cohns Kritik meiner Aufstellungen in *dieser* Hinsicht erkenne

men. Die Menschenliebe selbst ist eine im Wesen des Menschen als ideale Möglichkeit angelegte Form der Liebesemotion, die ihrem Wesen und ihrer Richtung nach positiv ist, sowohl in Hinsicht auf ihren Ursprung, als in Hinsicht auf ihren Wert. Dies schließt nicht aus, daß sie — wie alle idealen Wesensmöglichkeiten der Liebesemotionen des Menschen — als reale historische Bewegung nur an ganz bestimmten Stellen der Geschichte mächtiger und weithin sichtbar hervorgehoben ist (z. B. innerhalb der »antiken Humanität«, die von den kynischen, stoischen, epikureischen Schulen dann auch ideell gefaßt worden ist), ferner in den humanitären und philanthropischen Bewegungen des abendländischen Aufklärungszeitalters, in der chinesischen Geistesgeschichte mit dem Auftreten der südchinesischen Laotselehre und ihrer Amalgamierung mit dem Buddhismus, ferner in den modernen Gefühlsdemokratien des 19. und 20. Jahrhunderts.

Nachdem dies anerkannt ist, muß aber sogar noch das Weitere zugestanden werden (als die eigentliche These dieses Abschnittes), daß die akosmistische Person- und Gottesliebe — und die ihr zugehörige Idee der Heilssolidarität aller endlichen Geistespersonen in Gott — ihrem möglichen »Werden« nach *fundiert* sei in der allgemeinen Menschenliebe.

Der Grund für dieses Fundierungsgesetz ist, daß, obzwar das spezifische Vitalich und sein reales Substrat, die Vitalseele der Gattung Mensch, ontisch nur der, die noetischen Akte in ihrem Stattfinden real bedingende *Unterbau* der geistigen Person im Menschen und zugleich »Werkzeug« dieses Personzentrums ist, in der *Gegebenheits-* und *Entwicklungsordnung* sich die Sache umgekehrt verhält, d. h. die Person, ihre rein noetischen Akte und deren Aktsinn einem Anderen (durch rein geistiges Sinnverstehen) nur zur Gegebenheit kommen kann, wenn die dem eigenen Vitalich gleiche Realhaltung des anderen Vitalich,

---

ich heute als wesentlich berechtigt an.

resp. ihres Substrates durch Mitgefühl bereits vollzogen ist und die auf es aufgebaute spontane Menschenliebe in immer weitere Tiefenschichten *vordringt* — bis zu dem Punkte gleichsam, wo Personsein im Menschen beginnt. Um die in der Menschheit als Ganzes vorhandene *Fülle* von in sich individuierten geistigen Personzentren überhaupt für die mögliche Personliebe eines Subjekts, auch nur ihrer Existenz nach, zur Enthüllung und *Erscheinung* zu bringen und niemanden (schuldhaft) dabei grundlos zu übergehen, ist also allgemeine Menschenliebe vonnöten — ja unbedingt notwendig; d. h. es ist notwendig dazu diejenige Menschenliebe, die, auf dem wertindifferenten Mitgefühl fundiert, noch keinen Wertunterschied oder Liebesvorzugsunterschied zwischen Mensch und Mensch macht. Das beweist zur Evidenz die Ansetzung des Gegenteils. Solange die Menschen (vor Ursprung allgemeiner Menschenliebe) als mögliche Liebes- und Haßobjekte, noch geschieden werden in »Freund« und »Feind«, Freigeborene und als Sklavengeborene (im Aristotelischen Wesenssinne, nicht nur in dem der Blutsabstammung und gegebener historischer staatsrechtlicher Institutionen) und solange die Liebe zu den Freunden, der Haß zu den Feinden, die Achtung vor den Freien, die Verachtung der Sklaven noch moralisch sanktioniert und *geboten* ist, kann das Personzentrum im Anderen nur im Falle des Freundes, *nicht* des Feindes, nur im Falle des Freien, nicht des Sklaven (dessen Wille »im Herrn« ist nach Aristoteles' treffendem Wort) zur möglichen Gegebenheit kommen. Auch die Liebe zum individuellen Personzentrum, die — freilich als Liebe zum individuellen Personzentrum eines *Jeden* — Wesensmerkmal. der christlichen geistigen Personliebe ist — im scharfen Unterschied zur allgemeinen Menschenliebe, die Jeden nur als »Exemplar« der Gattung »Mensch« liebend erfaßt — setzt die Liebe zum »Exemplar« des Menschen voraus. Es ist also Ort und Umfang *möglicher* Personliebe durch die allgemeine Menschenliebe erst abgesteckt.

Bei der geistigen Personliebe erst tritt das neue Wesensgesetz auf, daß sie — hinaus über die Gegebenheit der bloßen *Existenz* der fremden Person — ursprünglich nicht mehr nur von spontanen Akten des sie Liebenden oder Verstehenden allein abhängt, sondern auch von dem freien *Ermessen* der zu liebenden oder geistig zu verstehenden Person. »Personen« können nicht verstehend erkannt werden (im Nachvollzug ihrer geistigen Akte), ohne sich selbst *spontan zu erschließen.* Denn sie können auch »schweigen« und sich verbergen. Die automatischen (unwillkürlichen) Ausdrucksäußerungen als solche reichen als Erkenntnisfundamente nur bis zum Gehalt des spezifischen Vital- und Seelenich des Menschen — nicht aber bis zur Erkenntnis und zum Verstehen der noetischen Akte seiner Person. Die Sprache (und damit aber auch mögliches Schweigen und Verschweigen) ist für die Erfassung des Personinhaltes also wesentlich. Das Seelenleben des Tieres ist in diesem Sinne für den Menschen prinzipiell (wie immer es auch de facto stehe) voll durchsichtig — die geistige Person des Menschen ist es nicht. Sie kann sich selbst verschließen oder aufschließen. Aber eine Wesensbedingung für das auch nur mögliche Sicherschließen ist die pure Menschengegenliebe, die nach dem anderwärts dargetanen Wesensgesetz »Liebe setzt ceteris paribus und ohne besondere vorhandene Gründe der ‚Hemmung' wesensgleichartige Gegenliebe«,[2] Wesensfolge der spontanen Menschenliebe ist. Somit ist auch die mögliche Auswirkung der schon in der Ergreifung der Existenz der fremden Person mitgesetzten Individuierung überhaupt zu einer konkreten Individuierung durch freies Sicherschließen der anderen Person notwendig gebunden an die spontane allgemeine Menschenliebe des personliebenden Subjektes zu diesem Menschen.

Was die Wesensfundierungen zeigen, *bestätigt* nur die Ge-

[2] Siehe »Formalismus in der Ethik«.

schichte. Die christliche Personliebe z. B. war realiter erst möglich auf dem Boden der spätprophetischen und der antiken »Humanitas«, die vorher die altgriechische und altrömische Liebesordnung der Freundesliebe und des Feindeshasses, der Freienachtung und der Sklavenverachtung in überaus komplizierten historischen Prozessen weitgehend zersetzt hatte.

Da endlich die akosmistische Personliebe mit dem Theismus in Wesens- und notwendigem Sinnzusammenhang steht, ist die allgemeine Menschenliebe auch Wesensbedingung für die Gottesliebe, sofern sie mehr ist als »amare Deum«, das auch Plato und Aristoteles kennen, nämlich »amare in Deo« und sofern sie durch eine zuvorkommende Liebe Gottes zum Menschen als bedingt erlebt und gedacht ist. Doch über diesen Punkt ist in der genannten Abhandlung über das Ressentiment das Nötige schon gesagt, ferner in meinem Buche: »Vom Ewigen im Menschen«, Bd. I.

(Aus: Max Scheler: Wesen und Formen der Sympathie, Bonn 1923, S. 112-120.)

Anhang 2: Max Scheler: Die Kooperation der sympathetischen Funktionen

Hat man — so wie wir es hier versuchten — eine Erkenntnis gewonnen über die Wesenskräfte des teilnehmenden »Gemütes« als des Inbegriffs aller intentionalen und wertkognitiven emotionalen Akte und Funktionen; hat man ihre so grundverschiedene metaphysische Bedeutung ermessen, und hat die Weltanschauungs- und Ethoslehre gezeigt, wie der apriorische idealgesetzliche Rahmen dieser Gemütskräfte durch die großen historischen Bewegungen in verschiedenen Kulturkreisen und Kulturzeitaltern bald mit einseitiger Bevorzugung der einen oder der anderen Artung der wesensverschiedenen Gemütskräfte historisch realisiert worden ist,[1] so ist es nun auch nach Kenntnis der eben gewonnenen Fundierungsgesetze möglich, daß man sich ein auf der Rangordnung der Werte dieser Gemütskräfte beruhendes normatives (ideal normatives — nicht imperativisch normatives) Bild von dem »rechten« Ordo amoris zeichne. Ein solches »Bild« ist dann für Ethik und jede Art von Pädagogik — natürlich nur nach der Ausbildung des Gemütes hin — von besonderer Bedeutung. Hier darüber nur wenige Andeutungen.

[…] Es bedürfen zunächst alle, nicht nur diese oder jene der artunterschiedenen Kräfte des Gemütes einer Ausbildung, wenn

[1] Vgl. in bezug auf das Verhältnis idealgenetischer Weltanschauungslehre und deskriptiv geschichtlicher Weltanschauungslehre (und Ethos- resp. ästhetischer Wertungslehre) unsere Abhandlung: Was ist Weltanschauungslehre? im I. Bd. der Bändchenreihe: Zur Soziologie und Weltanschauungslehre, Leipzig 1922.

ein ideal mögliches volles Menschentum im Menschen gewonnen werden soll. Dies schon darum, weil ja — wie gezeigt — eine feste Fundierungsordnung zwischen den emotionalen Akten und Funktionen besteht — also auch die höherwertige und zugleich dem Wesen nach weniger allgemein dem Menschen zukommende Gemütskraft nicht voll ausgebildet werden kann, wenn nicht die unterwertige, aber allgemeinere, voll ausgebildet ist. Ist für ein Individuum oder für eine ganze Kulturepoche die kosmovitale Einsfühlung, die Inder und Griechen mit großer Einseitigkeit entwickelt hatten, verschwunden, oder meint man, sie sei keine »echte und wahre« metaphysische Erkenntnisquelle für gewisse nur so zu erfassende Seiten des an sich bestehenden Universums; hält man sie vielmehr in ihrem kognitiven Sinn und Wert durch die »Wissenschaft« überwunden oder durch das Christentum oder durch die Humanität überwunden, so schneidet man auch die urtümliche Wurzel und Nahrungsquelle für alle »höheren« Formen des emotionalen sympathischen Lebens ab. Daß die Wissenschaft der Natur künstlich die kosmovitale Einsfühlung »abstellen« muß und von dem absehen muß, was sie an gegenständlichen Gegebenheiten gibt, ist selbstverständlich. Das liegt aber gar nicht daran, daß diese Einsfühlung keine rechtmäßige Quelle kognitiver Teilnahme an Sein und Werden der Natur sei, sondern daran, daß das Selektionsprinzip, nach dem die Wissenschaft der toten und lebendigen Natur die ursprünglichen Gegebenheiten auswählt — unter anderen Auswahlprinzipien — auch das Prinzip der »technischen Zielsetzung« ist, ein symbolisches Bild der Natur zu gewinnen, das — neben seiner Wahrheit (Sachübereinstimmung) und in ihren Grenzen — Natur lenkbar und beherrschbar macht. Die voll phänomenologisch gegebene Natur bleibt trotz dieses notwendigen, aber künstlichen Verhaltens der Wissenschaft eben auch ein ungeheures Ganzes von Ausdrucksfeldern kosmovitaler Akte, innerhalb dessen alle Erscheinungen einen durch die universelle

Mimik, Pantomimik und Grammatik des Ausdrucks verständlichen über- und amechanischen *Sinnzusammenhang* besitzen, der die inneren Erregungen des Allebens widerspiegelt. Diese emotionale Auffassung der Natur und die Wissenschaft bestehen, jede zu *eigenem* Recht, nebeneinander und haben erst in der philosophischen Metaphysik zur Einheit zusammengefaßt zu werden. Kindlich und primitiv ist nicht Derjenige, der kosmovitaler Einsfühlung als echter Teilnahmequelle am Seienden huldigt, sondern Derjenige, der sie und Wissenschaft (mit »kindlicher« Verkennung ihrer Wesensgrenzen) gegeneinander ausspielt. Wohl aber besteht noch die Fundierung der wissenschaftlichen Betrachtungsweise auf der kosmovitalen insofern, als ohne den positiven »Sinn« und »Wert«, den die Natur *nur* in kosmovitaler Einsfühlung aufweist, sie gar nicht »wert« wäre, beherrscht zu werden und schon darum der Versuch, sie als eine formal mechanisch (ideal) beherrschbare zu denken selber *sinnlos* wäre. Daß jede neue wissenschaftliche Ergründung einer Weltregion darum auch historisch mit Einsfühlung in sie beginnt, der enthusiastische »Liebhaber« also immer dem »Kenner« notwendig vorhergehen muß, habe ich anderwärts an Beispielen erhärtet.[2]

Der einseitige […] Nur-Herrschaftsgedanke des Menschen über die Natur, der immer mehr trotz aller Gegenbewegungen von Urchristentum, Franziskanismus, Goethe, Fechner, Bergson, romantische Naturphilosophie, ein Axiom gleichsam des abendländischen Weltethos geworden ist und der schließlich die materialistische Absolutsetzung des Naturmechanismus erst zu einer seiner Folgen hatte, muß also prinzipiell für die Zukunft zerbrochen werden. Wir müssen wieder lernen, in die Natur gleich Goethe, Novalis, Schopenhauer zu schauen wie in den »Busen eines Freundes« und müssen die »wissenschaftliche«,

[2] Siehe »Vom Wesen der Philosophie« im I. Bd. des Buches »Vom Ewigen im Menschen« und »Liebe und Erkenntnis« in »Krieg und Aufbau« 2. Aufl. 1922.

für Technik und Industrie höchst notwendige, formal *mechanische* Naturbetrachtung beschränken auf die fachwissenschaftliche »künstliche« Verhaltungsweise des Physikers, Chemikers usw. Die Bildung des Menschen (auch jene seines Gemütes) hat jeder »fachwissenschaftlichen« Haltung zur Natur als eines zu beherrschenden Gegners vorherzugehen. Darum müssen wir — pädagogisch — die kosmovitale Einsfühlung an erster Stelle geradezu wiederentwickeln und aus ihrem Schlafzustande im abendländischen Menschen des kapitalistischen Gesellschaftsgeistes (mit dem zu ihm *wesensmäßig* gehörigen Weltbild eines Alls bewegbarer Quantitäten) aufs neue erwecken. Der ungeheure Irrtum, es sei alle kosmovitale Einsfühlung nur projizierende »Ein-fühlung« von spezifischen Menschengefühlen in Tier, Pflanze, Anorganisches, d. h. bloßer »Anthropomorphismus« — also prinzipiell eine *Täuschung* über das Wirkliche — ist resolut und vollständig abzuschütteln. Vielmehr ist der Mensch als »Mikrokosmos« ein Wesen, das — indem es Wirkliches aller *Wesensarten* des Seienden in sich trägt — auch selber *kosmomorph* ist und als kosmomorphes Wesen auch Quellen des Erkennens für alles besitzt, was das Wesen des Kosmos enthält. Abgesehen von den Vorbildern hierzu, die wir in den abendländischen Gemütsbewegungen dieser Art besitzen und die schon mehrfach genannt wurden, gilt es besonders auch hier einen gegenseitigen Ausgleich des asiatischen (besonders indischen) Ethos und des abendländischen in dem Sinne langsam heraufzuführen, daß Asien die abendländische akosmistische Personliebe in Gott und die Humanitas, wir Abendländer aber die kosmovitale Einsfühlung in uns ausbilden lernen.

Fehlt diese Einsfühlung der Menschen mit der ganzen Natur, so wird auch der Mensch in einer Art und Form aus seiner großen ewigen Mutter, der Natur, herausgerissen, wie es seinem Wesen nicht entspricht. Tier und Pflanze gegenüber werden einem solchen Ethos Liebe und Schonung nur soweit geboten erscheinen, als die sich gegen sie bekundende Roheit, resp.

Grausamkeit sich auch einmal gegen Menschen äußern könnte. Ein *Selbstwert* der Liebe zur Pflanze auf Grund der Einsfühlung mit ihrem Drang, ein Selbstwert der Liebe zum Tier auf Grund von Einsfühlung mit seinem Leben und Mitgefühl mit seinen Gefühlen, wird dann nicht zugestanden sein. Kein Wunder dann, daß sich diese aus aller kosmischen Einsfühlung herausgerissene separate »Menschenliebe« beliebig zerstörerisch gegen die ganze organische Natur äußern wird — so wie es in dem, die organische Natur zerstörenden und verwüstenden Industrialismus der kapitalistischen Zeit, besonders des Hochkapitalismus, zum Entsetzen aller hier Kundigen geschah. Und auch kein Wunder ist es dann, daß der höhere Rang der »Lebenswerte« (auch als menschlicher Lebenswerte) gegenüber dem Maximum an Leistungs- und Nutzwerten (Herstellung eines maximalen Sach- und Zivilisationsgütervorrats) gleichfalls nicht mehr anerkannt wird; und ebensowenig anerkannt wird der positive, wenn auch nicht höhere, sondern freilich niedrigere, gleichwohl aber notwendig fundierende Wert der Lebenswerte gegenüber den geistigen Kulturwerten.[3] Denn es ist ja schließlich *ein* Leben und *ein* Lebenswert, der alles Lebendige umfaßt. Mit wesensgesetzlicher Notwendigkeit muß die Rückbildung der kosmisch-vitalen Einsfühlung schließlich auch die Menschenliebe und das Mitgefühl mit den Menschen als Menschen schädigen; soweit wenigstens, als sie sich auf das vitale Wohl des Menschen und das Wohl der spezifischen Vitalgruppen (Lebensgemeinschaften) unter Menschen, an erster Stelle die Familie, beziehen. Naturbeherrschung und ihr dienende »Wissenschaft« wird aber selbst *sinnlos*, wenn ihre Anwendung in Technik, Industrie nicht wieder auf den Menschen, und zwar den Menschen sogar bloß als *Vitalwesen* als Ziel, zurückbezogen wird. Erst das Wachstum der geistigen Kulturwertegüter und die geistige Bildung der *Person* im Menschen und die heiligen religiösen Güter dürfen

[3] Siehe »Formalismus in der Ethik«.

sich kraft autochthonen Rechts auch des Menschen als Vitalwesen bedienen, um auch auf dessen Kosten zu wachsen. Die Güter des Nutzens und der Annehmlichkeit dürfen es nie und nimmer. Sie sind ja auch schon den bloßen Vitalwerten des Menschen untergeordnet. So durchherrscht eine große furchtbare Sinnlogik — furchtbar in ihrem ehernen Zusammenhang — die jüngste Dekadenz[4] der abendländischen Geschichte seit dem Ende des Humanitätszeitalters; dessen Humanitätsidee selbst nur ein später Nachglanz der Epochen kosmovitaler Einsfühlung und organischer Weltansicht gewesen ist. Am stärksten mußte das Weib — insonderheit das weibliche Weib — und das Kind — insonderheit des kindliche Kind —, d. h. mußten die Wesen, die noch am meisten den »homo sapiens« mit der Natur einsfühlig verknüpfen, unter die Räder des erstarrten Zivilisationsnutzwagens kommen. Das Kind ist nicht nur da, »um« ein Erwachsener zu werden, sondern Kindheit hat unersetzlichen Selbstwert. Das Schicksal auch des Erwachsenen wird im Kindheitserlebnis vorgezeichnet. Das Weib ist nicht nur da für eine hypervirile Verstandeszivilisation als Dienerin und Vorbereiterin für die willkürlichen Aktivitäten der männlichen Natur und deren Neigung zu Leistungsüberschätzung, sondern hat in der einsfühlenden Kraft, die ihm durch den eingeborenen Mutterinstinkt weit hinaus über seine biologische Funktion eignet — der ceteris paribus ein natürliches »Recht« auf das Kind bestimmt —, einen in sich beschlossenen Selbst- und puren Seinswert. Nur die Frau als Kulturwesen und als Hüterin religiöser Güter (im Spezifischen die »Nonne« im weitesten Sinn) darf und soll in diesem »natürlichen Rechte« und Anspruch »frei« — d. h. *nicht* gezwungen durch pure ökonomische Verhältnisse und sog. »Bedarf« der Nutzzivilisation und ihres »Fortschritts« — entsagen. Wohl soll und darf je Leben und Lebenswert jeder Art

---

[4] Vgl. meine Abhandlung: »Über die Lehren von der Dekadenz des Abendlandes« in der Bändchenreihe »Zur Soziologie und Weltanschauungslehre«, Bd. 3.

noch geopfert werden, erstens für je Lebenswerte des edleren Lebens, zweitens für rein geistige und religiöse Werte und ihre Güter; nie aber darf solches Opfer erfolgen für Nutzwerte — und sei es selbst für die »Wissenschaft«, soweit eben Wissenschaft noch durch das Prinzip technischer Zielsetzung gebunden ist. Es gibt den »Märtyrer« der Philosophie als der »Gaya scienca« und Märtyrer des Glaubens, die mit Recht Bewunderung erwecken. Märtyrer der »Wissenschaft« sind nicht erhaben, sondern komisch. — Wo immer die Bewegung der kosmischen Einsfühlung wieder lebendig geworden ist, werden sich von selbst bestimmte praktische Bewegungen anschließen, z. B. des Tierschutzes, der Antivivisektionsbewegung, des Pflanzenschutzes und der Erhaltung von Wäldern und des Schutzes der »Landschaften« (d. h. gewisser Ausdruckseinheiten der Natur) [...]

In der Ausbildung der kosmischen-vitalen Einsfühlungsfähigkeit spielt eine entscheidende Rolle die Einsfühlung in den Allebensstrom, die zunächst zwischen den Menschen als Vitaleinheiten untereinander erwacht und stattfindet. Denn es scheint geradezu, eine (noch nicht weiter verständliche) Regel zu sein, daß die Aktualisierung auch der kosmischen Einsfühlungsfähigkeit nicht unmittelbar gegenüber der außermenschlichen Natur stattfinden kann, sondern mittelbar gebunden ist an die Einsfühlung von Mensch zu Mensch, deren Hauptarten wir früher beschrieben haben. Die Pforte zur Einsfühlung in das kosmische Leben ist das kosmische Leben da, wo es dem Menschen eben am nächsten und verwandtesten ist: Im anderen Menschen. Wer den dionysischen Rausch des Einsgefühles von Mensch und Mensch nie kennenlernte — gleichgültig wie immer — dem wird auch die vital-dynamische Seite der Natur (die natura naturans gegenüber der natura naturata, mit welch letzterer allein sich Naturwissenschaft und bildhaft erkennende Naturkunde beschäftigt) auf immer verschlossen bleiben. [...]

Wer aus alberner Prüderie oder sonst einem Grunde dies

verkennen würde, daß im liebevollen Geschlechtsakt nicht zwar eine Erkenntnis, wohl aber eine Stoffquelle für eine mögliche Erkenntnis — und zwar metaphysischer Artung — sich für den zivilisierten Menschen öffnet, die entweder für ihn überhaupt nicht oder nur sehr mangelhaft (durch das Massenerlebnis nämlich) ersetzbar ist — daß in ihm als Erlebnis der natürliche Schlüssel liegt für alle kosmovitale Einsfühlung — dem würde ich den nötigen Ernst absprechen, den diese Frage verdient. Daß zwar nicht im »Geschlechtstrieb«, der nur die Technik des Eros bei zweigeschlechtlichen »Tieren« darstellt, wohl aber im »Eros« — der »Brennpunkt« (wie Schopenhauer glücklich sagt) — alles Lebensdrängens auch des Menschen liegt — welches Drängen Schopenhauer nur sehr fälschlich einem »blinden Willen« gleichsetzt —; darin allein hat Schopenhauer in seiner »Metaphysik der Geschlechtsliebe« zweifellos recht. Dieser »Brennpunkt« liegt nicht in Appetit und Hunger und Durst — wie Marx meint —, auch nicht im Macht- und Herrschaftstrieb — wie Nietzsche meinte.

Und da sagen wir nun: Diese ihm zukommende *metaphysische* Bedeutung, die ihm eine kleine Strecke nur der abendländischen Geschichte genommen hat, die ihm der einstimmige Chor der ganzen übrigen gebildeten Menschheit aber zugebilligt hat, muß der Idee des Geschlechtsaktes zurückgegeben werden. Diese Bedeutung und dieser Sinn kommt ihm zu *ganz* jenseits der Wollust, die seine lockende Begleiterscheinung im Bewußtsein ist, aber nicht minder ganz jenseits des objektiven biologischen Ziel- und Zwecksinnes der Fortpflanzung, und erst recht der subjektiven Absicht der Zeugung und der Erhaltung, Vermehrung oder qualitativen Verbesserung der Menschheit. Als das eigentlich zerstörerische Prinzip für die rechte Regelung der Geschlechtsbeziehungen und der qualitativen und quantitativen Fortpflanzung im modernen Abendlande — für den Ausgangspunkt alles Irrtums und aller Verirrung in diesen Dingen — halten wir die *metaphysische Entwürdigung* des

Geschlechtsakts, die in einer Alternative liegt, die zuerst die altjüdische Zweckmoral hier aufgestellt hat und die — leider auch das historische kirchliche und nichtkirchliche Christentum aller Schattierungen — nur mangelhaft abgeschüttelt hat; die mit der Entwicklung zur bürgerlichen Ehe und bürgerlichen Prostitution aber überhaupt nicht mehr revidiert worden ist. Die altjüdische Alternative lautet: Das Wesen des Geschlechtsakts liege in seinem Zweck; und dieser Zweck sei entweder die Fortpflanzung *oder* die Wollust. Nun liegt zunächst das »Wesen« gar keiner Sache in ihrem »Zwecke«. Das Wesen der Strafe z. B., das Vergeltung ist, hat mit dem Zweck, zu dessen Erreichung die Strafe angewandt werden kann (z. B. Schutz und Sicherung der Gesellschaft, Abschreckung, Besserung usw.), nichts zu tun. Schon darum ist diese Auffassung irrig. Ferner ist der Geschlechtsakt als solcher überhaupt nicht gehörig zu den sog. Zweckhandlungen, sondern stellt eine Ausdruckshandlung dar — nicht wesentlich anders, wie die verschiedenen Ausdruckshandlungen der Zärtlichkeit und Liebe, wie Kuß, Streicheln usw. Bei den Tieren noch wesentlich instinktiv bestimmt und automatisch bei gegebenen typischen Reizkombinationen erfolgend, ferner zeitrhythmisch durch die Brunstzeiten an den Gang der Jahreszeiten gebunden, hat nicht etwa der Geschlechtsakt selbst im Menschen sich verwillkürlicht — was wesenhaft unmöglich ist —, sondern nur die geistig willensmäßige Zulassung und Nichtzulassung seines Eintritts. Darum hemmt auch jeder Versuch, ihn selbst willkürlich und absichtsvoll zu machen, ja schon jede Art gesteigerter willkürlicher Aufmerksamkeit auf die in ihm notwendigen Manipulationen, bekanntermaßen seinen Eintritt, indem sie die psychische Potenz zu ihm schädigen. Auch die Naturrhythmik ist beim Menschen zwar sehr erheblich zurückgegangen, nicht aber völlig aufgehoben, wie die Untersuchungen über Lebensrhythmik von Fließ, Swoboda u. A. gezeigt haben. Insonderheit bleibt das Weib schon durch den monatlichen Aufbau und Abbau des Eis und vermöge ihres ganzen, tiefer an den Gang der Natur gebundenen Wesens an diese Rhythmik stärker gebunden als der willkürlichere, bewußtere, naturentfremdetere Mann. Diese Wesensnatur des Geschlechtsaktes auch beim Menschen wird natürlich nicht dadurch hinfällig, daß die an sich instinktive und automatische Ausdruckshandlung des Geschlechtsaktes im menschlichen Geist- und Willenswesens selber wieder als *Ganzheit* in den Dienst wahlmäßig gesetzter »Zwecke« treten kann. So werden ja auch z. B. beim Schauspieler automatische Ausdrucksbewegungen in den Dienst des »Zweckes« künstlerischer Darstellung gestellt. Auch Wollust und Zeugung *können* diese Zwecke sein. Sie »sollen« es aber ethisch keineswegs sein. Die »Wollust« soll nicht intendiert sein und ist auch nur als Begleiterscheinung des Liebesausdrucks, und eben nicht als Absicht und Zweck, von jener Tiefe und rauschartigen Mächtigkeit, die beiträgt, das echte Verschmelzungs- und Einsgefühl hervorzubringen. Ist die Wollust idiopathisch intendiert, so fehlt auf alle Fälle das Verschmelzungs- und Einsfühlungsphänomen ganz und gar. Der Partner wird dann zum Mittel autoerotischen Selbstgenusses. Ebensowenig »soll« aber die Zeugung jener »Zweck« sein: Schon darum nicht, weil einen anderen Menschen als Mittel für einen Zweck zu gebrauchen in dieser Sphäre doppelt widersittlich ist und weil überdies das *objektive* Natur*ziel* (nicht »Zweck«) des Geschlechtsaktes erstens wesensmäßig in die Willkür möglicher Vornahmen gar nicht gestellt ist, außerdem aber jener Naturzweck umso qualitativ besser erreicht wird, je *mehr* die liebegeleitete Wahl des Partners — ceteris paribus — die Richtung des Geschlechtsaktes bestimmt und diese Liebe einfachen *Ausdruck* in ihm findet: d. h. aber zugleich, je *weniger* die Zeugung subjektiv als Zweck intendiert ist. Der Geschlechtsakt folgt hier der ganz allgemeinen Regel, nach der alle automatischen Ausdrucksbewegungen und nicht minder alle instinktiven Handlungen durch subjektive geistige Intention des »Wollens«, ja schon der Aufmerksamkeit, in der Erreichung ihres objektiven Naturzieles nicht gefördert, sondern zerstört und von ihrem wahren Naturziel abgelenkt werden. Entscheidender aber ist noch das schon Erwähnte: daß die Hervorbringung von Menschen durch Menschen im Sinne eines Willenszweckes ein im dreifachen Sinne völlig *widersinniger Gedanke* ist. Erstens darum, weil schon die Conceptio, erst recht die Austragung der Frucht im positiven Sinne, gar nicht in die Wahl des Menschen gestellt sind. Nur die mögliche Verhinderung dieser Naturprozesse unterliegt dem möglichen Willen und Bewußtsein. Zweitens weil der Mensch. auch nicht dem Leibe nach eine eindeutige Wirkung seiner Eltern ist, sondern — abgesehen von den Erbwerten und -unwerten, die ihm bei direkter und springender Vererbung überliefert werden und die ursächlich in der *ganzen* Kette der Vorfahren wurzeln — in letzter Linie wie jeder Organismus metaphysisch einen *schöpferischen* Aktus des Allebens sein Dasein schuldet —, einem Aktus, für dessen Stattfinden die Zeugungsaktion und alle sich an sie anschließenden Prozesse nur die physischen Causae occasionales darstellen. Die »Zellenstaatauffassung« des Organismus hat auch hier in tiefen Irrtum geführt. Jeder Mensch ist auch dem Leibe nach ein schlechthin neues originales »Individuum«, das nur im Sinne statistischer Betrachtung vermöge des materiellen Substrates des Vitalleibes dieselben Organe und Prozesse aufweist wie ein anderer Mensch. Es ist eben doch die Henne, die vor dem Ei war — das Ganze vor dem Teil. Diese je *originale* Produktion des Allebens, für welche die zweigeschlechtliche Zeugung nur eine Technik der Natur darstellt — diese Produktion des leben- und leibschaffenden Eros als des eigentlichen »Lebens« im Alleben — ist *vollständig* jenseits menschlichen »Wollens«, ja auch nur möglicher Kausalität durch Menschen überhaupt. Immer bleibt das Kind ein *Geschenk* der großen Naturmacht des Eros selbst und seines erhaben-heiteren dämonischen Spiels. Wohl aber müssen wir nach allem Gesagten annehmen, daß die gegenseitige Einsfühlung in den gemeinsamen Hintergrund und das gemeinsame Medium des Allebens selbst nur das wahre und vollständige psychische Bewußtseinskorrelat ist jenes metaphysisch-ontischen Aktes des Emporsteigens eines neuen Leibindividuums aus den metaphysischen Tiefen des Lebens. Es ist doch diese geheime instinktive Teilnahme der zeugenden Menschen an dieser urschaffenden Tendenz des Allebens, die in dem menschlichen Geschlechtsakt und durch diesen Akt hindurch sich in einer neuen Produktion zu manifestieren im Begriffe steht (in der Sphäre der *irdischen* anorganischen Welt), die sich im Eins- und Verschmelzungs*gefühl*, in diesem beiderseitigen phänomenalen Einsinken in die große Urmutter alles Lebendigen und ihre purpurne Nacht, bewußtseinsmäßig kund und zu wissen tut. Es ist geheimnisvolle Fühlungnahme beider Sicheinsfühlenden mit dem Alleben selbst, das ontisch zu produzieren tendiert. Und was ist dann die Geschlechts*liebe*, die beide Geschlechter zueinanderzieht und die eben ihren endgültigsten Ausdruck im Geschlechtsakt findet? Sie ist sicher nicht — wie Schopenhauer meinte — eine Emotion, mit der der »Genius der Gattung« wie mit einer Peitsche das dunkle und fragwürdige Werk bloßer Fortpflanzung[5] fördert. Denn was wäre bloße Erhaltung der Art ohne ihre Erhöhung, Veredlung? Und warum sollte es der Geschlechts*liebe* im Unterschied von bloßem Geschlechts*trieb* bedürfen, um bloß für die Erhaltung der Gattung zu sorgen? Auch der idiopathische Wollust bezweckende Akt des Genüßlings und der bürgerlichste Geschlechtsakt, der im Ehebette des »Erben« von Haus, Hof, Geld, d. i. eines neuen »Dieners« von Sachen gedenkt — eines neuen Menschen für alte Sachen und für ihre Verwaltung — alle Werttafeln des minimalsten Anstandes selbst noch mehr wie der bloße Genüßling, der doch das immerhin *Menschliche* der Lust sucht, umstürzend — auch *diese* liebeleeren Akte »erhalten« ja nicht weniger gut die Gattung. Aber sie reproduzieren eben nur,

---

[5] Vgl. A. Schopenhauer: »Metaphysik der Geschlechtsliebe«.

während die *Liebe* produziert. Sie »erhalten« die Gattung als »Menschenmaterial« für Geschäft, Industrie, Krieg usw. Denn Geschlechts*liebe* ist nichts anderes als emotionale Werterfassung (in Form einer Antizipation) der günstigsten Chancen für die qualitative *Erhöhung* des Menschentums. Sie ist gleichsam emotionaler Vorentwurf von »möglichen« Menschen, die als Vitalwesen »besser« sind, als jene, die nur »waren«. Ja sie ist schon antizipierende Fühlungnahme mit dem Eros des Allebens selbst, das immer strebt und tendiert, Neues und Besseres und Schöneres zu produzieren als das ist, was »war«. Liebe ist immer und überall wert*schöpferische*, nicht wertreproduzierende Bewegung. Sie ist es auch da, wo es sich handelt um die Produktion oder bloße Re-produktion des *Menschen* als des Trägers und Wirkers aller Geschichte. Auch da, wo die Liebe tatsächlich unfruchtbar bleibt — aus den mannigfaltigsten Gründen wie Tod, Ungehorsam der materiellen Mechanismen, an deren Funktion die Konzeption und Austragung des Kindes geknüpft ist, Krankheit usw., — ist sie wenigstens die schöne und edle *Anstrengung* gewesen nach dem *besseren* vitalen Menschen. Die *Liebe* als solche, als reine Funktion, irrt nie und täuscht sich nie — wenn nicht der Mensch sich täuscht über ihr Vorhandensein oder ihre Echtheit oder über ihr Objekt. [...]

(Aus: Max Scheler: Wesen und Formen der Sympathie, Bonn 1923, S. 120-133.)

Reihen und Titel des Albunea Verlags

Reihe Naturreligion und Mythologie:

- Robert Josef Kozljanič: Antike Heil-Ort-Rituale – Traumorakel, Visionssuche und Naturmantik bei den Griechen und Römern. (2004 erschienen)
- Charles A. Eastman (Ohiyesa): Die Seele des Indianers – Ein Siouxindianer berichtet über Glauben und Sitten seines Volkes. (2009 erschienen)
- Helena Rytkönen: Opferriten und Pfannkuchen – Eine Reise ins Land der Mari an der Wolga. (2010 erschienen)
- Die Natur ist heilig. Hymnen an antike Gottheiten – Ein Gebetbuch für naturreligiöse Menschen. Zusammengestellt, teils neu übersetzt und mit einem Nachwort versehen v. Lothar Lohenstein. (2017 erschienen)
- Unser Dasein ist heilig. Antike Gebete für persönliche, familiäre und gesellschaftliche Anlässe. Zusammengestellt, teils neu übersetzt und mit einem Nachwort versehen v. Lothar Lohenstein. (In Bearbeitung)

Reihe Kulturgeschichte:

- Robert Josef Kozljanič: Der Geist eines Ortes – Kulturgeschichte und Phänomenologie des Genius Loci. 1. Band: Antike – Mittelalter. 2. Band: Neuzeit – Gegenwart. (2004 erschienen)
- Andrea Kölbl: Fiktionen der Liebe – Europäische Volksmärchen und populäre Spielfilme im Vergleich. (2006 erschienen)
- Eduard Stemplinger: Sympathieglaube und Sympathiekuren in Altertum und Neuzeit. (Erscheint 2019)

Reihe Zivilisationskritik und Befreiungsdenken:

- Theodor Lessing / Robert Josef Kozljanič: Untergang der Erde am Geist der Machteliten. Die verfluchte Kultur der Maschine / 100 Jahre radikale Zivilisationskritik und solidarische Lebensdemokratie. (2014 erschienen)
- Rudolf Gaßenhuber: Herzsinn und Weltangst. Philosophisch-psychologische Essays. (2018 erschienen)
- Helene Stöcker: Unsere Umwertung der Werte. (Deutscher Originaltext von 1897 in englischer, französischer, spanischer und türkischer Übersetzung; für 2019 geplant)
- Robert Josef Kozljanič: Pantheismus und Poesie, Vision und Verantwortung. Von der Selbstverwirklichung zur Naturverwirklichung und zurück. (Geplant)

Reihe Lebensphilosophie (Jahrbücher):

- I. Jahrbuch für Lebensphilosophie (2005). Zur Vielfalt und Aktualität der Lebensphilosophie. Hg. v. R. J. Kozljanič. (Erschienen)
- II. Jahrbuch für Lebensphilosophie (2006). Leib-Denken. Hg. v. R. J. Kozljanič. (Erschienen)
- III. Jahrbuch für Lebensphilosophie (2007). Praxis der Philosophie – Gernot Böhme zum 70. Geburtstag. Hg. v. U. Gahlings, D. Croome u. R. J. Kozljanič. (Erschienen)
- IV. Jahrbuch für Lebensphilosophie (2008/2009). Lebensphilosophische Vordenker des 18. und 19. Jahrhunderts. Hg. v. R. J. Kozljanič. (Erschienen)
- V. Jahrbuch für Lebensphilosophie (2010/2011). Gelebter, erfahrener und erinnerter Raum. Hg. v. J. Hasse u. R. J. Kozljanič. (Erschienen)

- VI. Jahrbuch für Lebensphilosophie (2012/2013). Dramatisch-freiheitliches Philosophieren. Eberhard Simons in memoriam. Hg. v. T. Dahlheim. (Erschienen)
- VII. Jahrbuch für Lebensphilosophie (2014/2015). Lebensdenkerinnen. Liebe zum Denken – Praxis des Lebens – Weisheit der Liebe. Hg. v. H. Bennent-Vahle, U. Gahlings u. R. J. Kozljanič. (Erschienen)
- VIII. Jahrbuch für Lebensphilosophie (2016/2017). Kritik und Therapie wissenschaftlicher Unvernunft. Hg. v. J. Hasse u. R. J. Kozljanič. (Erschienen)
- IX. Jahrbuch für Lebensphilosophie (2018/2019). Väter, Mütter, Töchter und Söhne der Lebensphilosophie. Hg. v. R. J. Kozljanič. (Erscheint 2018)
- X. Jahrbuch für Lebensphilosophie (2020/2021). Sozialistische, anarchistische und pazifistische Lebensphilosophie. Hg. v. R. J. Kozljanič. (Geplant)

Reihe Lebensphilosophie (Grundlagentexte):

- Philipp Lersch: Erlebnishorizonte – Schriften zur Lebensphilosophie. Herausgegeben und eingeleitet von Thomas Rolf. (2011 erschienen)
- Friedrich Schlegel / Robert Josef Kozljanič: Philosophie des Lebens – Eine Manifestation. (2018 erschienen)
- Max Scheler: Versuche einer Philosophie des Lebens (2018 erschienen)
- Melchior Palágyi: Der Gegensatz von Geist und Leben. Schriften zur schöpferischen Verbindung von Erkenntnistheorie und Vitalismus. Herausgegeben und eingeleitet von Heiko Heublein. Mit einem Vorwort von Prof. Dr. Christian Möckel (2018 erschienen)

Reihe sozialer Humanismus und solidarische Pädagogik:

- Johann Gottfried Herder: Humanismus als Herzensbildung und schöne Wissenschaft. Vorrede und Briefe zu Beförderung der Humanität. Mit einem Nachwort von Prof. Dr. Wilfried Stroh (2018 erschienen)
- Ernesto Grassi / Robert Josef Kozljanič: Zweite Aufklärung und demokratische Bildung. Vom elitären zum sozialen Humanismus. (Erscheint 2018)
- Helene Stöcker: Verkünder und Verwirklicher der Menschenliebe. Sozialhumanistische und pazifistische Beiträge. (Erscheint 2019)
- Alice Rühle-Gerstel: Individualpsychologische und sozialhumanistische Schriften. (Geplant)

ALBVNEA VERLAG MVENCHEN

Seldeneckstr. 18
D-81243 München
www.albunea.de
info@albunea.de